PARADOXO DOS CUSTOS
DA IMPLEMENTAÇÃO DA POLÍTICA PÚBLICA DO BENEFÍCIO DE PRESTAÇÃO CONTINUADA

Giselle Dayane Onofre

PARADOXO DOS CUSTOS
DA IMPLEMENTAÇÃO DA POLÍTICA PÚBLICA DO BENEFÍCIO DE PRESTAÇÃO CONTINUADA

empóriododireito
Florianópolis
2015

Copyright© 2015 by Giselle Dayane Onofre
Diretora Responsável: Aline Gostinski
Editor Responsável: Israel Vilela
Capa e Diagramação: Carla Botto de Barros

Conselho Editorial:

Aldacy Rachid Coutinho (UFPR)
André Karam Trindade (IMED-RS)
Augusto Jobim do Amaral (PUCRS)
Claudio Eduardo Regis de Figueiredo e Silva (ESMESC)
Jacinto Nelson de Miranda Coutinho (UFPR)
Juarez Tavares (UERJ)
Lenio Luiz Streck (UNISINOS e UNESA)
Márcio Staffen (IMED-RS)
Rubens R. R. Casara (IBMEC-RJ)
Salah Khaled Jr. (FURG)

Alexandre Morais da Rosa (UFSC e UNIVALI)
Antônio Gavazzoni (UNOESC)
Aury Lopes Jr. (PUCRS)
Eduardo Lamy (UFSC)
Juan Carlos Vezzulla (IMAP-PT)
Julio Cesar Marcelino Jr. (UNISUL)
Marco Aurélio Marrafon (UERJ)
Paulo Marcio Cruz (UNIVALI)
Rui Cunha Martins (Coimbra-PT)

DADOS INTERNACIONAIS DE CATALOGAÇÃO NA PUBLICAÇÃO (CIP)

Onofre, Giselle Dayane
Paradoxo dos custos da implementação da política pública do benefício de prestação continuada / Giselle Dayane Onofre
1ª ed. – Florianópolis: Empório do Direito Editora, 2015.
99 p.

ISBN 978-85-68972-01-4

1 Direito Administrativo 2 Processo Administrativo e Judicial - Brasil I. Título
CDU 344

É proibida a reprodução total ou parcial, por qualquer meio ou processo, inclusive quanto às características gráficas e/ou editoriais.
A violação de direitos autorais constitui crime (Código Penal, art.184 e §§, Lei n° 10695, de 01/07/2003), sujeitando-se à busca e apreensão e indenizações diversas (Lei n°9.610/98).
Todos os direitos desta edição reservados à Empório do Direito Editora.

empóriododireito.com.br
Rua: Santa Luzia, 100 – sala 610
CEP 88036-540 – Trindade – Florianópolis/SC
www.emporiododireito.com.br
editora@emporiododireito.com.br

Impresso no Brasil
Printed in Brazil

Agradecimentos

Primeiramente a Deus, por ter me proporcionado a realização de mais este sonho!

Ao meu orientador Dr. Alexandre Morais da Rosa, por toda dedicação, atenção e contribuição despendidas para a conclusão deste trabalho. Foi um aprendizado enorme trabalhar com você!

Aos meus pais Pedro Roque Rosa e Margareth Onofre Rosa, e familiares que de forma direta e/ou indireta sempre me incentivaram e apoiaram nesta caminhada.

Á minha prima Jô Rosa, pessoa que sempre me inspirou a trilhar todos os meus passos na vida acadêmica, meu exemplo a ser seguido, e pra sempre a inspiração dos meus sonhos.

Á minha vozinha Rosemar Leal Onofre, In memoriam.

Á alguém muito especial, que me fez acreditar novamente no Amor!

Aos meus queridos amigos Bernardo Mader, Adriano Ribeiro, Fernando Canziani e Miller Augusto, amizades que fizeram destes dois anos de estudos, um verdadeiro aprendizado.

Á Universidade do Vale do Itajaí – UNIVALI, na pessoa do Reitor – Sr. Mário Cesar dos Santos, instituição que sempre me acolheu e da qual me orgulho muito.

Por fim, e de forma não menos importante á Faculdade Porto das Águas – FAPAG, na pessoa do Sr. Volnei Eufrazio, por ser a primeira instituição de ensino que me possibilitou ingressar na carreira docente.

De coração, a todos vocês, o meu Muito Obrigada!

Á todas as pessoas que acreditam na beleza dos seus sonhos.

"Menor que meu sonho, não posso ser"
(Lindolf Bell)

ROL DE ABREVIATURAS E SIGLAS

ADIN	Ação Direta de Inconstitucionalidade
ACP	Ação Civil Pública
APS	Agência de Previdência Social
BPC	Benefício de Prestação Continuada
CNJ	Conselho Nacional de Justiça
CR	Constituição da República
INSS	Instituto Nacional do Seguro Social.
IPEA	Instituto de Pesquisa Econômica Aplicada
LOAS	Lei Orgânica de Amparo Social
MDS	Ministério do Desenvolvimento Social
RGPS	Regime Geral de Previdência Social
SC	Santa Catarina
STF	Supremo Tribunal Federal
STJ	Superior Tribunal de Justiça
SUAS	Sistema Único da Assistência Social

SUMÁRIO

INTRODUÇÃO 13
CAPÍTULO 1
FUNDAMENTAÇÃO TEÓRICA 15
   1.1 Dos Direitos Fundamentais 15
   1.2 Histórico das Políticas Públicas no Brasil 20
   1.3 O Princípio da Dignidade de Pessoa Humana .. 26
CAPÍTULO 2
ANÁLISE ECONÔMICA DO DIREITO 31
   2.1 O Critério Econômico definido na Lei Orgânica de Amparo Social 31
   2.2 A Relativização Territorial do Critério Econômico – Ação Civil Pública 40
   2.3 Reflexos da Ação de Interdição Civil no BPC – "Troca-se autonomia por um salário mínimo?". 47
   2.4 O Custo do Processo Judicial 50
CAPÍTULO 3
DESCRIÇÃO E ANÁLISE DOS RESULTADOS 55
   3.1 Análise Quantitativa 55
   3.2 Análise Qualitativa 67
   3.3 Entrevista Semi Estruturada 82
   3.3.1 Questionário dirigido aos Juízes Federais.... 83
   3.3.2 Questionários dirigido aos Funcionários do INSS 85
CAPÍTULO 4
CONSIDERAÇÕES FINAIS 91
REFERÊNCIAS 95

Introdução

A presente obra, é resultado de um trabalho de Dissertação de Mestrado que, estudou o Benefício de Prestação Continuada (BPC), integrante do Sistema Único da Assistência Social (SUAS), custeado pelo Governo Federal, no valor de um salário mínimo (atualmente R$ 678,00), cuja operacionalização do reconhecimento do direito é de incumbência do Instituto Nacional do Seguro Social (INSS).

O beneficio é destinado a Pessoas Idosas que tenham 65 anos de idade ou mais, que não recebam nenhum benefício previdenciário, ou de outro regime de previdência, e às pessoas portadoras de deficiência física que as incapacitam para os atos da vida independente e para o trabalho, devendo ambas, comprovarem que a renda per capta mensal do grupo familiar, seja inferior a ¼ (um quarto) do salário mínimo, através de avaliações feitas pelo Serviço Social, e pela Perícia Médica do INSS.

Os destinatários deste benefício são pessoas que não tem meios de prover sua própria subsistência, nem de tê-la provida por sua família, ou seja, para ter direito ao benefício, deve restar caracterizado um "Estado de Miserabilidade" (Art. 20 da Lei. 8.742/93).

Ocorre que, este requisito econômico, com o decorrer dos anos, foi e continua sendo alvo de grandes críticas, no tocante a sua inconstitucionalidade, vez que, conforme será visto adiante, vários outros programas assistenciais em vigor na atualidade dispõem de padrões econômicos de miserabilidade diferentes, em que a hipossuficiência é aferida por uma renda bem maior do que a disposta na Lei Orgânica de Amparo Social (LOAS).

Assim, o trabalho originário buscou analisar a concessão do Benefício de Prestação Continuada, enfatizando o motivo dos inúmeros indeferimentos imotivados/injustificados deste benefício pela esfera administrativa (INSS), se comparado com os deferimentos que ocorrem na esfera judicial (Justiça Federal), onde, de regra, é valorizado o caráter social do referido benefício.

Fez-se preliminarmente uma breve análise dos Direitos Fundamentais, garantidos pela Constituição da República, frente o Princípio da Dignidade da Pessoa Humana, enfatizando a LOAS, através de estatísticas e entrevistas semiestruturadas dirigidas aos funcionários do INSS e Juízes Federais, procurando através de uma análise qualitativa mostrar a diferença na análise dos critérios legais de concessão do referido benefício entre as duas esferas (administrativa e judicial)

Já numa pesquisa quantitativa, tomando por base os valores reais coletados junto as esferas administrativas e judiciais referente ao ano de 2010 (processos já transitados em julgado e/ou sobrestados), pretende-se mensurar os gastos diretos e indiretos com a implementação desta política pública (burocracia), entendida pelos custos que o Governo Federal tem tanto para custear, como para implementação do referido benefícios, ou seja, quanto custa à União Federal um deferimento Judicial do benefício negado administrativamente.

O trabalho de pesquisa realizado orientou-se na seguinte Questão Norteadora: Até que ponto a forma de implementação do Benefício de Prestação Continuada cumpre o papel das políticas públicas, frente o principio da Dignidade da Pessoa Humana, tendo em vista que os custos despendidos nas esferas administrativos e judicial, poderiam trazer mais justiça social aos necessitados?

Por fim, no tocante ao custo da implementação desta política pública, chegou-se a um valor real para o município de Itajaí/SC, quanto ao custo unitário de cada processo, que foi projetado para todos os municípios do Estado de Santa Catarina através de 5 (cinco) escalas, de acordo com o número de habitante de cada município.

Importante frisar que se trata apenas de uma mera estatística pois, no presente trabalho não foi utilizado nenhum instituto de pesquisa (IPEA), como o fez o Conselho Nacional de Justiça ao valorar o custo do processo de execução fiscal em R$ 4.300,00 (Quatro mil, e trezentos reais)

Pretendeu-se demonstrar através tanto da pesquisa qualitativa quando da quantitativa que a aplicação literal do critério econômico (1/4 do salário mínimo), previsto no dispositivo legal (§ 3º do art. 20 da LOAS), não é capaz de promover a assistência social, pois fere o princípio da dignidade da pessoa humana, tornando ineficaz o próprio direito à Assistência Social, fazendo necessário um controle judicial desta política pública, como vem ocorrendo atualmente.

Isto posto, o trabalho de pesquisa originário buscou demonstrar que o custo para implementar referida política pública, é demasiadamente caro, e tem causado grande morosidade ao Poder Judiciário Federal, em especial aos Juizados Especiais Previdenciários que nasceram com o objetivo de dar celeridade ao judiciário, e atualmente esta abarrotado por demandas desta natureza.

CAPÍTULO 1

FUNDAMENTAÇÃO TEÓRICA

1.1 Dos Direitos Fundamentais

Os direitos fundamentais foram, inicialmente, ligados à noção de limitação jurídica do poder estatal, tendo se originado nas Revoluções Liberais do século XVIII (destacando-se o movimento Iluminista). Sobre o tema GRIMM, 2006, p. 77, afirma:

Los derechos fundamentales son un producto de las revoluciones burguesas de finales del siglo XVIII y pertenecen al programa del moderno Estado constitucional, del cual proceden. [...] constituyen una forma histórica de protección jurídica de la libertad [...].

Este momento histórico limitava-se a restringir a atuação estatal e preservar a liberdade individual. Com o passar do tempo, diante das mudanças ocorridas na sociedade, os diretos fundamentais tiveram sua abrangência e sua eficácia ampliadas.

Importante transcrever, a definição teórica de Direitos Fundamentais, apresentada por FERRAJOLI, 2011, p. 09 :

São "direitos fundamentais" todos aqueles direitos subjetivos que dizem respeito universalmente a "todos" os seres humanos enquanto dotados do status de pessoa, ou de cidadão ou de pessoa capaz de agir.

Destacou-se, assim, a idéia materialmente aberta dos direitos fundamentais de amplitude incomparável, havendo a possibilidade de se identificar e construir, até mesmo jurisprudencialmente, direitos fundamentais não escritos (ou constantes de outra parte da Constituição da República, tratados internacionais, declaração universal de direitos humanos, etc.).

Os direitos de primeira geração correspondem aos direitos da liberdade, e foram os primeiros previstos constitucionalmente. Referem-se aos direitos civis e políticos, têm como titular o indivíduo e são direitos de resistência ou oposição contra o Poder Público. Pressupõem uma separação entre Estado e Sociedade, em que esta exige daquele apenas uma abstenção, ou seja, uma obrigação negativa visando a não interferência na liberdade dos indivíduos.

Segundo BOBBIO (1992), são direitos que reservam ao indivíduo uma esfera de liberdade "em relação ao" Estado. Nesta mesma dimensão, porém no que concerne aos direitos políticos, Bobbio afirma serem direitos que concedem uma liberdade "no" Estado, pois permitiram uma participação mais ampla, generalizada e frequente dos membros da comunidade no poder político.

Podem ser citados como exemplos de Direitos Fundamentais de primeira geração os direitos à vida, à liberdade e à igualdade, previstos no caput do artigo 5º da Constituição da República de 1988. Derivados de tais direitos, também podem ser destacados como direitos de primeira geração na Constituição da República as liberdades de manifestação (art. 5º, IV), de associação (art. 5º, XVII) e o direito de voto (art. 14, caput).

No início, tratava-se apenas de fixar um limite à intervenção estatal, preservando a autonomia individual, o que atualmente a doutrina denominou de direito fundamental de primeira geração. Sobre o tema, BRANCO, 2009, p. 267, destaca:

Outra perspectiva histórica situa a evolução dos direitos fundamentais em três gerações. A primeira delas abrange os direitos referidos nas Revoluções Americana e Francesa. São os primeiros a serem positivados, daí serem ditos de *primeira geração*.

Com as mudanças sofridas pela sociedade no decorrer da história, surgiu a necessidade de ampliar a validade e a eficácia dos direitos fundamentais, que passaram por algumas revoluções.

A primeira grande ampliação se deu quando o liberalismo agravou o quadro de desigualdades sociais. Sendo assim, fez-se imprescindível uma nova geração de direitos fundamentais, em que fosse garantida maior igualdade (direitos sociais) através de ações estatais.

Os direitos fundamentais da segunda geração são os sociais, culturais e econômicos. Derivados do princípio da igualdade, surgiram com o Estado social e são vistos como direitos da coletividade. São direitos que exigem determinadas prestações por parte do Estado, o que ocasionalmente gerou dúvidas acerca de sua aplicabilidade imediata, pois nem sempre o organismo estatal possui meios suficientes para cumpri-los.

Tal questionamento, entretanto, foi sanado nas mais recentes Constituições, tal como a brasileira, que prevê no art. 5º, § 1º a auto aplicabilidade das normas definidoras dos direitos e garantias fundamentais.

1.1 DOS DIREITOS FUNDAMENTAIS

Na Constituição da República, tais direitos estão elencados em capítulo próprio, denominado "Dos Diretos Sociais", onde estão descritos diversos Direitos Fundamentais, dentre os quais o direito a educação, a saúde, a alimentação, o trabalho, a moradia, o lazer, a segurança, a previdência social, a proteção à maternidade e à infância, a assistência aos desamparados (art. 6º, caput da CR).

Neste sentido se observa BRANCO, 2009, p. 267:

O descaso para com os problemas sociais, que veio a caracterizar o État Gendarme, associado às pressões decorrentes da industrialização em marcha, o impacto do crescimento demográfico e o agravamento das disparidades no interior da sociedade, tudo isso gerou novas reivindicações, impondo ao Estado um papel ativo na realização da justiça social. [...] Como consequência, uma diferente pletora de direitos ganhou espaço no catálogo dos direitos fundamentais – direitos que não mais correspondem a uma pretensão de abstenção do Estado, mas que o obrigam a prestações positivas. São os direitos de segunda geração [...]. (grifou-se)

Em fase mais recente, iniciou-se a defesa de bens de titularidade incerta, e assentados sobre a fraternidade, surgem os Direitos Fundamentais de terceira geração, os direitos difusos, os quais visam à proteção do ser humano, e não apenas do indivíduo ou do Estado, mas em nome da coletividade.

Nas palavras de SARLET, 1998, p. 50: "trazem como nota distintiva o fato de se desprenderem, em princípio, da figura do homem-indivíduo como seu titular, destinando-se à proteção de grupos humanos."

A atribuição da denominação de "direitos de solidariedade" ou "fraternidade" aos direitos da terceira geração, no entender de SARLET, é consequência da sua implicação universal, "por exigirem esforços e responsabilidades em escala até mesmo mundial para sua efetivação." (1998, p. 51)

A princípio, são identificados cinco direitos como sendo da terceira geração: o direito ao desenvolvimento, à paz, ao meio ambiente, o direito de propriedade sobre o patrimônio comum da humanidade e o direito de comunicação. Podem, entretanto, surgir outros direitos de terceira geração, à medida que o processo universalista for se desenvolvendo.

Neste sentido, BRANCO, 2009, p. 268 se posiciona:

Já os direitos chamados de terceira geração secularizam-se pela titularidade difusa ou coletiva, uma vez que são concebidos para a proteção não do homem isoladamente, mas de coletividades, de grupos. Tem-se, aqui, o direito à paz, ao desenvolvimento, à qualidade do meio ambiente, à conservação do patrimônio histórico e cultural.

Não podemos deixar de mencionar também, o entendimento de BOBBIO quando afirma que a Declaração Universal dos Direitos do Homem, de 1948, é quem dá início à terceira e mais importante fase dos Direitos Fundamentais pois, além de sua universalidade, ela:

Põe em movimento um processo em cujo final os direitos do homem deverão ser não mais apenas proclamados ou apenas idealmente reconhecidos, porém efetivamente protegidos até mesmo contra o próprio Estado que os tenha violado. (BOBBIO, 1992, p. 30)

Referido autor, lembra também que a Declaração de 1948 é apenas o início de um longo processo, pois não tem forças de norma jurídica, surgida no final da Segunda Guerra Mundial com o intuito de combater as atrocidades cometidas contra a dignidade humana, sendo apenas um ideal a ser alcançado.

Analisando todas as gerações de direitos fundamentais, constatou-se que o Estado Democrático de Direito tem o dever de assegurar aos cidadãos os direitos fundamentais por meios positivos e negativos, através de omissão ou atuação, buscando a concretização mínima de tais direitos.

Cabe salientar ainda que, os direitos fundamentais não precisam constar de legislação infraconstitucional, posto que nasceram com a Constituição da República, e por ela são plenamente assegurados. Nesse sentido FELDENS, 2008, p. 54:

Os direitos fundamentais nascem com as Constituições. Com essa afirmação pretendemos enaltecer a preexistência dos direitos fundamentais ao momento de sua configuração legislativa. Exteriorizam-se, assim, como os pressupostos do consenso sobre o qual se desenvolve qualquer sociedade democrática.

O sistema dos direitos fundamentais, dentro da Constituição da República, é separado e fechado, devendo ser tratado de forma absolutamente distinta dos demais preceitos. Os direitos à vida, liberdade e igualdade correspondem diretamente às exigências mais elementares do Princípio da Dignidade da Pessoa Humana, afinal, todos os direitos fundamentais encontram sua vertente neste princípio.

Nesse diapasão SARLET, 2006, p. 124:

[...] a dignidade da pessoa atua simultaneamente como limite dos direitos e limite dos limites, isto é, barreira última contra a atividade restritiva dos direitos fundamentais, o que efetivamente não afasta a controvérsia sobre o próprio conteúdo da dignidade e a existência, ou não, de uma violação do seu âmbito de proteção. Isso porque, continua o autor SARLET, 2009, p. 84-85, afirmando que: [...] a dignidade da pessoa humana, na condição de valor (e princípio normativo) fundamental que "atrai o conteúdo de todos os direitos fundamentais", exige e pressupõe o reconhecimento e proteção dos direitos fundamentais de todas as dimensões (ou gerações, se assim preferirmos). Assim, sem que se reconheçam à pessoa humana os direitos fundamentais que lhe são inerentes, em verdade estar-se-á negando-lhe a própria dignidade.

O autor salienta também que, a liberdade (junto aos valores de igualdade e justiça social) configura condição de existência e legitimidade para o Estado Democrático e Social de Direito, e continua SARLET, 2009, p. 62, afirmando:

Além da íntima vinculação entre as noções de Estado de Direito, Constituição e direitos fundamentais, estes, sob o aspecto de concretizações do princípio da dignidade da pessoa humana, bem como dos valores da igualdade, liberdade e justiça, constituem condição de existência e medida da legitimidade de um autêntico Estado Democrático e Social de Direito, tal qual como consagrado também em nosso direito constitucional positivo vigente.

Assim, tendo em vista que o direito a assistência social, é um direito fundamental, urge a necessidade de concretização desta assistência seja pela esfera administrativa, seja pela esfera judicial. Como bem estabelece PAULO BONAVIDAES (2008, p. 07) "Os direitos fundamentais, em rigor, não se interpretam; concretizam-se".

Seguindo, contextualizando o tema, BONAVIDES, 2008, p. 614/615 expõe: No tocante é equação de direitos fundamentais, urge assinalar que, assim como o problema da economia, em termos contemporâneos, é, para o capitalismo, um problema de produtividade, o problema das Constituições é, para o Estado de Direito, mais do que nunca um problema de normatividade, e a normatividade, só se adquiri com a legitimidade. Esta, por sua vez, vem a ser o estatutário de todo o processo de concretização das regras contidas na Lei Maior. Para fazer eficaz a norma da Constituição, e, por exemplo, o direito fundamental, força é criar os pressupostos de uma consciência social, tendo por sustentáculo a crença inabalável nos mandamentos constitucionais. Não há constitucionalismo sem direitos fundamentais. Tampouco há direitos fundamentais sem a constitucionalidade da ordem material cujo norte leva ao princípio da igualdade, pedestal de todos os valores sociais de justiça.

Após uma sucinta abordagem quanto a origem, e evolução dos direitos fundamentais, bem como o caráter que lhes deve ser conferido pelos juristas, diante das intenções do Constituinte, levando sempre em consideração o Estado Democrático de Direito e a necessidade de se priorizar o Princípio da Dignidade da Pessoa Humana, visando uma inclusão social, foi feita uma análise das políticas públicas que foram criadas visando a efetivação destes direitos fundamentais.

1.2 Histórico das Políticas Públicas no Brasil

Segundo PEREIRA (2006), o Brasil viveu em 1970, um momento de crescimento econômico que ficou conhecido na história como o "milagre econômico", e a partir de 1975 em razão do crescimento econômico, surge uma preocupação com os mais pobres, objetivando estrategicamente reaproximar o Estado da sociedade, ou seja, pela primeira vez no Brasil, ouve-se falar no desenvolvimento social com objetivo próprio, e como resultado das articulações entre governo e sociedade.

Comentando referido momento histórico destaca-se o posicionamento do Ministro Gilmar Mendes no julgamento da Reclamação nº 4374, vejamos:

"O "milagre econômico" da década de 1970 não tinha sido capaz de eliminar a pobreza e a miséria. Também não houve redução da desigualdade na distribuição da renda e da riqueza. E não foram poucos os grupos sociais que permaneceram à margem de qualquer benefício. A chamada "década perdida" de 1980 contribuiu certamente para agravar os problemas sociais, com o aumento do contingente de pobres e miseráveis e da própria desigualdade."

Consequentemente no Brasil houve uma "Transição Democrática" ou a chamada "Nova República", com a proposta de criar novos canais de participação social e política da população, bem como, nasce uma concepção de proteção social na qual tanto os direitos sociais, quanto às políticas públicas, para atendimento desses direitos teriam uma atenção especial (MEDEIROS, 2001).

Embora não haja um conceito formado e/ou certo do que seja Política Pública, SOUZA, 2006 a define através de uma revisão bibliográfica, da seguinte forma:

""Não existe uma única, nem melhor, definição sobre o que

1.2 HISTÓRICO DAS POLÍTICAS PÚBLICAS NO BRASIL

seja política pública. Mead (1995) a define como um campo dentro do estudo da política que analisa o governo à luz de grandes questões públicas e Lynn (1980), como um conjunto de ações do governo que irão produzir efeitos específicos. Peters (1986) segue o mesmo veio: política pública é a soma das atividades dos governos, que agem diretamente ou através de delegação, e que influenciam a vida dos cidadãos. Dye (1984) sintetiza a definição de política pública como "o que o governo escolhe fazer ou não fazer". A definição mais conhecida continua sendo a de Laswell, ou seja, decisões e análises sobre política pública implicam responder às seguintes questões: quem ganha o quê, por quê e que diferença faz?"

Assim, surge pela primeira vez na história política do país a Assistência Social numa Constituição da República, como componente do Sistema de Seguridade Social, e de direito á cidadania, em seu Art. 6º com a seguinte redação: Art. 6º São direitos sociais a educação, a saúde, a alimentação, o trabalho, a moradia, o lazer, a segurança, a previdência social, a proteção à maternidade e à infância, a <u>assistência aos desamparados</u>, na forma desta Constituição. (grifou-se).

Mencionando tal acontecimento histórico o Ministro Gilmar relator da Reclamação nº 4375 esclarece que:

"O novo modelo constitucional claramente buscou superar, institucionalmente, o modelo de democracia meramente formal ao qual nós estávamos acostumados no passado. Tentava-se, também pela via da **constitucionalização de direitos sociais,** e da criação de instrumentos de judicialização dessas pretensões de caráter positivo, superar o quadro de imensas desigualdades acumuladas ao longo dos anos".

A mesma Constituição da República é o marco legal para a compreensão das transformações e redefinições do perfil histórico da assistência social no País, quando define em seu Art. 194 o que é seguridade social e traça seus objetivos, vejamos:

Art. 194. A seguridade social compreende um conjunto integrado de ações de iniciativa dos Poderes Públicos e da sociedade, destinadas a assegurar os direitos relativos à saúde, à previdência e à assistência social.

Parágrafo único - Compete ao Poder Público, nos termos da lei, organizar a seguridade social, com base nos seguintes objetivos:

I. universalidade da cobertura e do atendimento;
II. uniformidade e equivalência dos benefícios e serviços às populações urbanas e rurais;
III. seletividade e distributividade na prestação dos benefícios e serviços;

IV. irredutibilidade do valor dos benefícios;
V. eqüidade na forma de participação no custeio;
VI. diversidade da base de financiamento;
VII. caráter democrático e descentralizado da gestão administrativa, com a participação da comunidade, em especial de trabalhadores, empresários e aposentados.

A principal característica da assistência social é ser prestada gratuitamente aos necessitados. As ações governamentais na área da assistência social serão realizadas com os recursos dos orçamentos dos entes federativos e mediante o recolhimento das contribuições previstas no art. 195 da Constituição da Republica, além de outras fontes.

Segundo PEREIRA, 2006, p. 152: Nesta Constituição a reformulação formal do sistema de proteção social incorporou valores e critérios que, não obstante antigos no estrangeiro, soaram no Brasil como inovação semântica, conceitual e política. Os conceitos de "direitos sociais", "seguridade social", "universalização", "equidade", "descentralização político- administrativa", "controle democrático", "mínimos sociais", dentre outros, passaram de fato a construir categorias chaves norteadoras de constituição de um novo padrão de política social a ser adotado no país.

Cumpre salientar que, várias foram as reações negativas á promulgação de Constituição da República, pois se de um lado foram notados significativos avanços políticos e sociais, por outro, percebeu-se uma "contrarreforma conservadora", iniciada em 1987, no governo Sarney, e reforçada a partir de 1990 com o governo Collor.

Importante frisar que, além dos artigos de lei citados acima, a Constituição da República, em seu artigo 203 transcrito abaixo, instituiu uma política pública com vários objetivos, através do Beneficio de Prestação Continuada (BPC), com a seguinte redação:

Art. 203. A assistência social será prestada a quem dela necessitar, independentemente de contribuição à seguridade social, e tem por objetivos:
I. a proteção à família, à maternidade, à infância, à adolescência e à velhice;
II. o amparo às crianças e adolescentes carentes;
III. a promoção da integração ao mercado de trabalho;
IV. a habilitação e reabilitação das pessoas portadoras de deficiência e a promoção de sua integração à vida comunitária;
V. <u>a garantia de um salário mínimo de benefício mensal à pessoa portadora de deficiência e ao idoso que comprovem não</u>

possuir meios de prover à própria manutenção ou de tê-la provida por sua família, conforme dispuser a lei. (grifou-se).

O Benefício de Prestação Continuada (BPC) foi instituído na Constituição da República, e regulamentado somente em 1993, com o advento da Lei Orgânica de Amparo Social (LOAS - nº 8.742/1993), em especial no seu Art. 20, § 3º que tem a seguinte redação:

Art. 20. O benefício de prestação continuada é a garantia de um salário-mínimo mensal à pessoa com deficiência e ao idoso com 65 (sessenta e cinco) anos ou mais que comprovem não possuir meios de prover a própria manutenção nem de tê-la provida por sua família

§ 30 Considera-se incapaz de prover a manutenção da pessoa com deficiência ou idosa a família cuja renda mensal **per capita seja inferior a 1/4 (um quarto) do salário-mínimo**.

Posteriormente foi promulgada em 06 de julho de 2011, a lei 12.435 a qual alterou diversos dispositivos legais da Lei 8.742/93 (LOAS), entretanto não houve qualquer alteração quanto ao critério econômico previsto no § 3º do Art. 20 da Lei 8.742/93, mantendo-se exatamente a mesma redação.

A exposição de motivos da LOAS levou em consideração, em sua elaboração, o comprometimento da assistência social com o estatuto da cidadania, entendendo-se que a assistência social somente será um direito social a medida que extrapolar os limites de sua ação convencional.

Vê-se que a lei estabeleceu dois critérios para concessão do BPC quais sejam: pessoa portadora de deficiência que a incapacite para a vida independente e para o trabalho; e pessoa idosa, definindo como idoso o individuo com 70 (setenta) anos ou mais, mas com o advento do Estatuto do Idoso (Lei 10.741/03), passou a ser considerada idosa pessoa com idade igual ou superior a 60 anos.

O segundo critério, para concessão do beneficio diz respeito á comprovação da incapacidade da família de prover a manutenção do idoso ou deficiente. Referido critério foi abordado de forma mais aprofundada no decorrer do trabalho.

Foi com base nesta concepção, que a assistência social configurou-se como um tipo particular de política pública que assume duas formas: restritiva, voltada para os segmentos populacionais em situação de pobreza extrema; e ampla, que conflui para as demais políticas sociais, contribuindo para a extensão destas políticas aos mais necessitados e, portanto, para a modernização da assistência social.

Segundo MARTINEZ *Apud* MARTINS, 2005, p. 497, a assistência social traduz-se em:

Um conjunto de atividades particulares e estatais direcionadas para o atendimento dos hipossuficientes, consistindo os bens oferecidos em pequenos benefícios em dinheiro, assistência á saúde, fornecimento de alimentos e outras pequenas prestações.

A lei que dispôs sobre a Organização da Assistência Social, trazendo definições, objetivos e defendendo alguns princípios, já nasceu eivada de vícios, a começar pelo critério econômico, confirmando o que disse o presidente do Brasil Washington Luís: "A questão social no Brasil é questão de polícia".

Referida frase embora utilizada pelo então presidente na época de 1926 – 1930, se faz presente e atual, no que tange ao estilo político brasileiro de dar respostas aos reclames sociais.

Contextualizando o tema CARVALHO, 1999, p. 70/71 aduz que:

Há uma correlação clara entre o perfil atual do capitalismo "globalizado" e o aumento da pobreza. No bojo deste processo, a assistência social ganhou status não só de política, mas de política prioritária, imprescindível no mundo inteiro nos últimos anos. (...) Nesse contexto, a seguridade social apresenta-se como uma política pública imprescindível para garantir serviços/programas e benefícios de proteção social, assim como para alavancar processos e políticas que compensem o empobrecimento e a exclusão de parcela expressiva da população.

Assim, vê-se que a intenção do constituinte de proporcionar Assistência Social aos cidadãos brasileiros, foi de certa forma "burlada" com o advento da Lei Orgânica de Amparo Social, que impôs um critério econômico que tornou incapaz e efetivação deste direito, ferindo o Princípio da Dignidade da Pessoa Humana.

Atualmente a concessão/operacionalização do BPC é de incumbência do INSS (autarquia do Governo Federal, vinculada ao Ministério da Previdência Social), que recebe todas as contribuições para a manutenção do Regime Geral da Previdência Social.

Assim, resta claro que os benefícios geridos por esta autarquia têm caráter contributivo, logo, o BPC não se encaixa na competência da referida autarquia, mas em razão de toda estrutura física, funcional e sistemática do INSS, em detrimento das Secretarias de Assistência Social dos municípios, referido benefício é gerido pela mesma.

Além do sistema de atendimento telefônico (Central de

1.2 HISTÓRICO DAS POLÍTICAS PÚBLICAS NO BRASIL

Atendimento 135), disponibilização dos requerimentos e agendamentos via internet, o INSS trabalha com a DATAPREV (empresa de tecnologia que faz o processamento de todos os dados da Previdência), bem como com o programa CNIS (Cadastro Nacional de Informação Social), que facilitam a realização de todo o processo administrativo.

O INSS foi criado com base no Decreto nº 99.350 de 27 de junho de 1990 mediante a fusão do Instituto de Administração Financeira da Previdência e Assistência Social (IAPAS), com o Instituto Nacional de Previdência Social (INPS), e lhe compete a operacionalização do reconhecimento dos direitos da clientela do Regime Geral de Previdência Social (RGPS), que atualmente abrange mais de 40.000.000,00 (quarenta milhões) de contribuintes.

O INSS possui em seu quadro administrativo quase 40.000 (quarenta mil) servidores ativos, lotados em todas as regiões do País, que atendem presencialmente mais de 4.000.000,00 (quatro milhões) de pessoas todos os meses.

Conta com uma rede altamente distribuída em 1.200 (mil e duzentas) unidades de atendimento, as chamadas Agências da Previdência Social (APS), presentes em todos os estados da Federação, responsável de regra pela transferência de renda visando assegurar o sustento do trabalhador e de sua família quando ele perde a capacidade de trabalho por motivo de doença, acidente, gravidez, prisão, morte ou idade avançada.

Um dos papéis mais importantes desempenhados pelo INSS atualmente é o de reduzir a presença da pobreza no Brasil. Uma pesquisa realizada pelo IPEA em 2008 revelou que se fossem retirados todos os benefícios pagos atualmente pela Previdência Pública (aproximadamente 16 bilhões de reais por mês), o número de pobres no Brasil cresceria em mais de 21 milhões passando de 29,18% (vinte e nove, dezoito por cento) para 40,56% (quarenta cinquenta e seis por cento).

Já o número de pessoas em extrema pobreza (aqueles que ganham menos de um quarto de salário mínimo - LOAS) praticamente dobraria, aumentando em 17.000.000 (dezessete milhões), pois o número de beneficiários do sistema previdenciário brasileiro corresponde a 28.000.000 (vinte e oito milhões) de pessoas.

Os números acima revelaram a importância do INSS, enquanto responsável pela operacionalização do Regime Geral de Previdência Social, na vida das pessoas, na economia familiar e, principalmente, no desenvolvimento econômico, político e social do povo brasileiro.

Importante salientar que, embora longe da perfeição, ao longo desses 21 (vinte e um) anos de serviços prestados, o INSS vem trabalhando com foco na profissionalização da gestão, na melhoria das condições de trabalho para os seus servidores, na modernização da sua rede de atendimento e infraestrutura tecnológica e, principalmente, na desburocratização dos processos de trabalho, e na qualificação do atendimento prestado aos trabalhadores brasileiros.

1.3 O Princípio da Dignidade de Pessoa Humana

A jurisdição previdenciária está diretamente ligada ao fim social; seu objetivo tem nítido caráter alimentar e, tanto na interpretação dos textos que regulam a matéria, quanto no exame do pedido, necessária a utilização de uma interpretação com base nos princípios norteadores de proteção e garantia aos direitos fundamentais, uma vez que tais benefícios se constituem em direitos sociais protegidos pela Constituição Federal.

LEIRIA, 2002, p. 53 assim se manifesta:

Estão consagrados na Constituição, como fundamentos, entre outros, a cidadania e a dignidade da pessoa humana. A combinação desses dois amplos princípios é, sem sombra de dúvida, o que motiva a existência da seguridade social, fomentada pelo Estado, e, mais especificamente, da previdência social.

A Constituição da República elencou em seu artigo 6º, dentre outros direitos sociais, a assistência aos desamparados, asseverando que: "São direitos sociais a educação, a saúde, a alimentação, o trabalho, a moradia, o lazer, a segurança, a previdência social, a proteção à maternidade e à infância, a assistência aos desamparados, na forma desta Constituição".

Assim, o princípio da dignidade da pessoa humana somente se tornaria eficaz a partir do momento que, os direitos sociais se materializarem solidamente na sociedade. Devido ao seu grandioso grau de importância, a dignidade da pessoa humana é fundamento constitucional do Estado Democrático de Direito brasileiro.

Conforme BARCELOS, 2002, p. 304:

(...) para se efetivar o princípio da dignidade da pessoa humana para todas as pessoas, independente de idade, deve o Estado primeiro ofertar um mínimo social existencial, para garantir que todas as pessoas tenham uma existência digna. É necessário um núcleo com um conteúdo básico. Esse núcleo no tocante aos elementos materiais da dignidade, é composto de um mínimo existencial, que consiste em um conjunto de prestações materiais mínimas sem as quais se poderá afirmar que o individuo se encontra em situação de indignidade.

Nessa ótica, SILVA (2006, p.105) afirma que: "Dignidade da pessoa humana é um valor supremo que atrai o conteúdo de todos os direitos fundamentais do homem, desde o direito à vida".

É nesse sentido, que muito se menciona na doutrina que o Princípio da Dignidade da Pessoa Humana norteia e embasa todas as determinações constitucionais, entretanto segundo SARLET, 2005, p.110:

(...) basta um breve olhar sobre o nosso extenso catálogo de direitos fundamentais para que tenhamos dúvidas fundadas a respeito da alegação de que todas as posições jurídicas ali reconhecidas possuem necessariamente um conteúdo diretamente fundado no valor maior da dignidade da pessoa humana.

Contudo, é inegável a presença do principio da dignidade da pessoa humana em alguns pontos de nossa Constituição da República, destacado no trabalho originário com enfoque no benefício de prestação continuada. Nesse contexto, é imprescindível mais uma vez mencionar os grandiosos ensinamentos de SARLET, 2005, p.118 in verbis:

Uma outra dimensão intimamente associada ao valor da dignidade da pessoa humana consiste na garantia de condições justas e adequadas de vida para o indivíduo e sua família, contexto no qual assumem relevo de modo especial os direitos sociais ao trabalho, **a um sistema efetivo de seguridade social**, em última análise, à proteção da pessoa contra as necessidades de ordem material e à asseguração de uma existência com dignidade. (grifou-se).

Nesse ínterim, é de excepcional relevância a observação de IBRAHIM, 2009, p.14 a seguir:

Dentro do atual momento pós-positivista do direito, aliado à reconhecida força normativa da Constituição, os princípios jurídicos constitucionais são dotados também de eficácia positiva, além das clássicas eficácias interpretativa e negativa, permitindo a demanda judicial de seu núcleo fundamental. A concessão do benefício assistencial, nestas hipóteses, justifica-se a partir do princípio da dignidade da pessoa humana, o qual possui como núcleo essencial, plenamente sindicável, o mínimo existencial, isto é, o fornecimento de recursos elementares para a sobrevivência digna do ser humano.

Não restam dúvidas que há colisão entre o princípio da legalidade e o principio do equilíbrio financeiro, pois o sistema de assistência social deve ser economicamente sustentável para poder custear a sobrevivência de milhares de brasileiros em situação de miséria. Por outro lado, vê-se que a materialização do princípio da dignidade da pessoa humana como pilar do Estado Democrático de Direito, possibilita ao Poder Judiciário (jurisdição previdenciária), verificar caso a caso, se existem elementos aptos a demonstrar a situação de miserabilidade suscitada, além do requisito objetivo da renda "per capita".

Neste sentido cita-se BARROSO, 2005, p. 52:

A constitucionalização, o aumento da demanda por justiça por parte da sociedade brasileira e a ascensão institucional do Poder Judiciário provocaram, no Brasil, uma intensa judicialização das relações políticas e sociais.

A existência do limite legal (critério econômico de ¼ do salário mínimo) estabelecido pela Lei n. 8742/93, não pode ter o condão de segregar e/ou afastar a assistência social dos reais necessitados, vez que o princípio da dignidade da pessoa humana é determinante para garantir a todos os cidadãos brasileiros, ao menos, o direito ao mínimo social.

Neste norte faz-se oportuno o posicionamento da Ministra Carmem Lucia, no julgamento da Reclamação nº 3.805/SP, DJ 18/10/2006:

"A constitucionalidade da norma legal, assim, não significa a inconstitucionalidade dos comportamentos judiciais que, para atender, nos casos concretos, à Constituição, garantidora do princípio da dignidade humana e do direito à saúde, e à obrigação estatal de prestar a assistência social 'a quem dela necessitar, independentemente da contribuição à seguridade social', tenham de deferir aquele pagamento diante da constatação da necessidade da pessoa portadora de deficiência ou do idoso que não possa prover a própria manutenção ou de tê-la provida por sua família."

É de notar-se ainda que, a Previdência e Assistência Social estão alicerçadas nos princípios constitucionais, orientadores de toda interpretação nas matérias de assistência social, pois construir uma sociedade livre, justa e solidária constitui um dos objetivos fundamentais da Constituição da República.

Ocorre que, não há habitualidade de nossos tribunais proferiram decisões sustentadas apenas em Princípios Constitucionais, dentre eles o Principio da Dignidade da Pessoa Humana ora em estudo, vejamos o posicionamento de DWORKIN, 2002, p. 141:

A escassez de decisões fundadas no princípio da dignidade humana deve-se, também, certamente, ao receio do operador do direito de que, ao aplicar princípio de tamanha abstração e indeterminabilidade, esteja a invadir terreno que supõe pertencente ao poder político. Enquanto as regras trazem a (aparente) sensação de que se pisa em terreno firme e próprio, os princípios, com sua textura aberta, deixam a impressão de que se está a pisar em terreno movediço e alheio.

Chegamos 25 (vinte e cinco) anos de vigência da Constituição da República, e ainda é relativamente escassa em nossa jurisprudência a aplicação explícita do princípio da dignidade da pessoa humana. Isso talvez é consequência, dentre outras razões, da tendência dos juristas brasileiros em ver o direito como um ordenamento fechado de normas escritas, aplicáveis mediante um processo interpretativo de submissão do fato à norma, como se esta já trouxesse consigo um sentido próprio e completo.

Ainda há uma considerável dificuldade em aceitar que os princípios, explícitos ou implícitos, também constituem normas jurídicas, e talvez essa evolução seja um asso relevante na efetivação de normas constitucionais que disciplinam a assistência social, estendendo-a a quem dela realmente necessita, garantindo concretamente os direitos fundamentais da pessoa humana.

CAPÍTULO 2

ANÁLISE ECONÔMICA DO DIREITO

2.1 O Critério Econômico definido na Lei Orgânica de Amparo Social

O critério econômico definido pelo Art. 20 da Lei 8.742/93, atualmente tem originado grandes críticas, a ponto de já ter motivado uma Ação Direta de Inconstitucionalidade no STF (Supremo Tribunal Federal) para averiguar se esse critério feria ou não, os ditames constitucionais.

A ADIN nº 1.232-1/DF, julgou constitucional o critério econômico de ¼ do salário mínimo definido pela LOAS, qual seja, ¼ do salário mínimo, entretanto, o Supremo Tribunal Federal já se posicionou por diversas vezes no sentido de que o critério econômico não é absoluto, não sendo, dessa forma, o único meio de aferir o estado de miserabilidade.

A tese vencedora, proferida pelo Ministro Nelson Jobim, considerou que o § 3º do art. 20 da LOAS traz um critério objetivo que não é, por si só, incompatível com a Constituição da República, e que eventual necessidade de criação de outros requisitos para a concessão do benefício assistencial seria uma questão a ser avaliada pelo legislador. Assim, a Ação Direta de Inconstitucionalidade nº 1.232-1/DF foi julgada improcedente, com a consequente declaração de constitucionalidade do art. 20, § 3º, da LOAS.

Vejamos o Acórdão proferido:

"CONSTITUCIONAL, IMPUGNA DISPOSITIVO DE LEI FEDERAL QUE ESTABELECE O CRITÉRIO PARA RECEBER O BENEFICIO DO INCISO V, DO ART. 203 DA CF. INEXISTE RESTRIÇÃO ALEGADA EM FACE AO PRORIO DISPOSITIVO CONSTITUCIONAL QUE REPORTA Á LEI PARA FIXAR OS CRITÉRIOS DE GARANTIA DO BENEFICIO DE SALÁRIO MÍNIMO Á PESSOA PORTADORA DE DEFICIENCIA FISICA E AO IDOSO. ESTA LEI TRAZ HIPOTESE OBJETIVA DE PRESTAÇAÕ ASSISTENCIAL DO ESTADO. AÇÃO JULGADA IMPROCEDENTE." (Rel.

p/ o acórdão Min. Nelson Jobim, DJ 1º.6.2001).

Entretanto, segundo o Ministro Gilmar Mendes, recentemente em seu voto como relator da Reclamação nº 4374, o mesmo se manifesta da seguinte forma:
"A decisão do Tribunal, porém não pôs termo á controvérsia quanto a aplicação em concreto do critério da renda familiar per capta estabelecida pela LOAS. (...) Como a lei permaneceu inalterada, apesar do latente apelo realizado pelo Tribunal, por juízes e tribunais – principalmente os então recém-criados Juizados Especiais – continuaram a elaborar maneiras de contornar o critério objetivo e único estipulado pela LOAS e avaliar o real estado de miserabilidade social das famílias com entes idosos e deficientes".

A Turma Nacional de Uniformização dos Juizados Especiais editou a Súmula nº 11 que admitia a concessão do benefício assistencial, desde que comprovado, por outros meios, o estado de miserabilidade do postulante.

O texto da súmula dizia que "a renda mensal per capita familiar superior a ¼ do salário mínimo não impede a concessão do benefício assistencial previsto no art. 20, § 3º, da Lei n. 8.742, de 1993, desde que comprovada, por outros meios, a miserabilidade do postulante".

Ocorre que, referida súmula foi cancelada, mantendo a posição do STF na ADIN nº 1.232-1/DF, manifestando-se sobre o assunto destaca-se mais um trecho do voto do Ministro Gilmar Mendes, na Reclamação nº 4374 que ocorreu em 18/04/2013:
"Quando o STF julgou constitucional o critério definido pelo § 3º do art. 20 da LOAS, referida decisão foi proferida em 1998, poucos anos após a edição da LOAS (de 1993), num contexto econômico e social específico. Na década de 1990, a renda familiar per capita no valor de ¼ do salário mínimo foi adotada como um critério objetivo de caráter econômico-social, resultado de uma equação econômico-financeira levada a efeito pelo legislador tendo em vista o estágio de desenvolvimento econômico do país no início da década de 1990."

Não restam dúvidas que, a economia brasileira mudou completamente nos últimos 20 anos. Desde a promulgação da Constituição da República foram realizadas significativas reformas constitucionais e administrativas, com repercussão no âmbito econômico, financeiro e administrativo, e a inflação galopante foi controlada, o que tem permitido uma significativa melhora da distribuição da renda.

Nesse contexto de significativas mudanças econômico-

2.1 O CRITÉRIO ECONÔMICO DEFINIDO NA LEI ORGÂNICA DE AMPARO SOCIAL

sociais, as legislações em matéria de benefícios previdenciários e assistenciais trouxeram critérios econômicos mais generosos, aumentando para ½ do salário mínimo o valor padrão da renda familiar per capita. Por exemplo, podemos citar os seguintes: Lei 10.836/2004, que criou o Bolsa Família; a Lei 10.689/2003, que instituiu o Programa Nacional de Acesso à Alimentação; a Lei 10.219/01, que criou o Bolsa Escola; a Lei 9.533/97, que autoriza o Poder Executivo a conceder apoio financeiro a Municípios que instituírem programas de garantia de renda mínima associados a ações socioeducativas; e o Estatuto do Idoso (Lei 10.741/03)

Vê-se que, os programas de assistência social no Brasil utilizam, atualmente, o valor de ½ salário mínimo como referencial econômico para a concessão dos respectivos benefícios. Tal fato representa, em primeiro lugar, um indicador bastante razoável do que o critério de ¼ do salário mínimo utilizado pela LOAS, o qual está completamente defasado e mostra-se atualmente inadequado para aferir a miserabilidade das famílias que, de acordo com o art. 203, V, da Constituição, tem direito ao BPC.

Ainda, constitui um fato revelador que o próprio legislador vem reinterpretando o art. 203 da Constituição da República segundo parâmetros econômico-sociais distintos daqueles que serviram de base para a edição da LOAS no início da década de 1990. Esses são fatores que razoavelmente indicam que, ao longo dos vários anos desde a sua promulgação, o § 3º do art. 20 da LOAS esta desatualizado.

Neste viés destaca-se parte do voto do Ministro Gilmar Mendes no julgamento da Reclamação nº 4374, vejamos:

Trata-se de uma inconstitucionalidade que é resultado de um processo de inconstitucionalização decorrente de notórias mudanças fáticas (políticas, econômicas e sociais) e jurídicas, sucessivas modificações legislativas dos patamares econômicos utilizados como critérios de concessão de outros benefícios assistenciais, por parte do Estado brasileiro.

Na data de realização do trabalho originário, o valor do salário mínimo, era R$ 678,00 (Seiscentos e setenta e oito reais), e ¼ simboliza R$ 169,50 (Cento e sessenta e nove reais, e cinquenta centavos), entretanto, insta salientar que os benefícios referidos acima, tem critério econômico de ½ do salário mínimo que representava R$ 339,00 (Trezentos e trinta e oito reais), e são concedidos para pessoas saudáveis, e este, para pessoas idosas (geralmente doentes), e pessoas com deficiência física ou mental, ambas incapacitadas definitivamente para o trabalho.

Nessa ótica, cita-se BACHUR e AIELLO, 2009, p.351:

Ainda, observa-se que, a lei 8742/93 se contrapõe a outras leis federais que qualificam o conceito de miserabilidade de forma totalmente divergente, onde, muitas vezes, o critério aferidor da hipossuficiência prevê uma renda bem maior do que ¼ do salário mínimo (a exemplo do FIES, bolsa família, etc.). (Em 2009 o salário mínimo era R$ 465,00 e ¼ simbolizava R$ 116,00). (grifou-se)

Segundo mencionado pelo Ministro Gilmar Mendes no voto da Reclamação nº 4374, há uma constante preocupação com o impacto orçamentário de uma eventual elevação do atual critério de ¼ (um quarto) do salário mínimo, para ½ (metade) do salário mínimo. Parafraseando o citado ministro, estudos realizados pelo IPEA e pelo MDS, em janeiro de 2010, demonstram que, se viesse a vigorar o critério de renda per capita no valor de ½ (metade) do salário mínimo, os recursos necessários para investimento no BPC em 2010 chegariam a R$ 46,39 bilhões, ou seja, 129,72% a mais do que a projeção do ano (R$ 20,06 bilhões).

As análises são demonstradas no quadro abaixo: Demonstrativo das projeções para 2010 de beneficiários e recursos necessários para a manutenção do BPC em cenários com distintos valores per capita e segundo o conceito de família atual e comparação com a projeção referente aos critérios atuais.

Projeções	Pessoa com Deficiência		Pessoa Idosa		Total		Diferença da Projeção atual (%)
	Quantidade	Valor	Quantidade	Valor	Quantidade	Valor	
Projeção com Critérios atuais	1.770.939	10.402.737.892	1.656.643	9.795.801.612	3.427.582	20.198.539.503	-
25% do SM	1.861.549	10.933.411.401	1.962.665	11.603.753.368	3.824.214	22.537.164.769	11,57%
30% do SM	2.250.620	13.218.537.018	2.084.320	12.323.006.547	4.334.940	25.541.543.565	26,47%
33% do SM	2.562.798	15.052.047.984	2.171.968	12.841.206.121	4.734.766	27.893.254.105	38,14%
35% do SM	2.774.066	16.292.885.566	2.237.838	13.230.646.758	5.011.904	29.523.532.324	46,22%
40% do SM	3.181.567	18.686.255.861	2.413.989	14.272.095.309	5.595.556	32.958.351.169	63,25%
45% do SM	3.642.792	21.395.162.623	2.896.624	17.125.545.766	6.539.416	38.520.708.388	90,79%
50% do SM	4.081.634	23.972.607.603	3.792.270	22.420.827.253	7.873.904	46.393.434.856	129,72%

FONTE: Projeções de quantitativo de beneficiários potenciais do BPC na população brasileira conforme estudos do IPEA/2010. Projeções de valores conforme estudos do DBA/SNAS/MDS - 2010.

2.1 O CRITÉRIO ECONÔMICO DEFINIDO NA LEI ORGÂNICA DE AMPARO SOCIAL

Diante dos dados numéricos utilizados pelo Ministro Gilmar Mendes em seu voto no julgamento da Reclamação nº 4374, o mesmo menciona que, da análise sobre a adequação do critério de ¼ do salário mínimo deve ser levado em conta que, num quadro de crescente desenvolvimento econômico e social, houve também um vertiginoso crescimento da quantidade de benefícios assistenciais concedidos pelo Estado brasileiro. De aproximadamente 500.000 (quinhentos mil) benefícios concedidos em 1996, a quantidade de idosos e deficientes beneficiários passou para atuais 3.644.591 (três milhões, seiscentos e quarenta e quatro mil, quinhentos e noventa e um) (Fonte: Ministério do Desenvolvimento Social e Combate à Fome – MDS).

Em média, é gasto mensalmente 2 (dois) milhões de reais com esse benefício. Em valores acumulados até o último mês de abril de 2012, o custo total desses benefícios neste ano foi de 8.997.587.360 (oito bilhões, novecentos e noventa e sete milhões, quinhentos e oitenta e sete mil, trezentos e sessenta reais). Assim, tudo indica que, até o final do ano de 2012, o custo anual do benefício assistencial foi superior a 24 bilhões de reais.

Não se pode perder de vista nesse contexto que, no mesmo período avaliado, o salário mínimo sofreu significativos aumentos, e a atual perspectiva econômica do país, é de que o valor real do salário mínimo continue aumentando constantemente ao longo dos anos, o que certamente terá um relevante impacto, nos próximos anos, sobre o custo total do benefício assistencial previsto no art. 203, V, da Constituição Federal.

Ainda, no entender do Ministro Gilmar Mendes:

Na verdade, são vários os componentes socioeconômicos que devem ser observados na complexa equação necessária para a definição de uma eficiente política de assistência social, tal como determina a Constituição de 1988. Seria o caso de se pensar, por exemplo, em critérios de miserabilidade que levassem em conta as disparidades socioeconômicas nas diversas regiões do país, pois critérios objetivos de pobreza, válidos em âmbito nacional, terão diferentes efeitos em cada região do país, conforme as peculiaridades sociais e econômicas locais.

Assim, não restam dúvidas que o legislador deve tratar a matéria de forma sistemática, ou seja, todos os benefícios da seguridade social (assistenciais e previdenciários) devem compor um sistema consistente e coerente, evitando incongruências na concessão de benefícios, cuja consequência mais óbvia é o tratamento desigual entre os diversos beneficiários das políticas governamentais de assistência social.

O que a Reclamação nº 4374, pretende demonstrar, é que a aplicação literal do atual dispositivo referente ao critério econômico, dificulta e/ou cria empecilhos na intenção do legislador que é buscar justiça e inclusão social, em atenção ao Princípio da Dignidade da Pessoa Humana.

Outro agravante é a ausência de critérios objetivos para aferir a miserabilidade dos cidadãos na esfera administrativa (que aplica a letra fria da lei), e do Poder Judiciário que embora sobrecarregado tem analisado a situação de hipossuficiência de acordo com cada caso concreto, relativizando a norma jurídica, sob os seguintes critérios:

a. O benefício previdenciário de valor mínimo, ou outro benefício assistencial percebido por idoso, é excluído da composição da renda familiar (Súmula 20 das Turmas Recursais de Santa Catarina e Precedentes da Turma Regional de Uniformização);

b. Indivíduos maiores de 21 (vinte e um) anos são excluídos do grupo familiar para o cálculo da renda *per capita*;

c. O benefício assistencial percebido por qualquer outro membro da família não é considerado para fins da apuração da renda familiar;

d. Consideram-se componentes do grupo familiar, para fins de cálculo da renda *per capita*, apenas os que estão arrolados expressamente no art. 16 da Lei 8.213/91;

e. Os gastos inerentes à condição do beneficiário (remédios etc.) são excluídos do cálculo da renda familiar.

Assim, vê-se que a diversidade e a complexidade dos casos levaram a uma variedade de critérios para concessão do benefício assistencial, ou ainda parafraseando o Ministro Gilmar Mendes no julgamento da Reclamação nº 4374, a "inventividade hermenêutica" passou a ficar cada vez mais apurada.

Entretanto, sabe-se que todos os benefícios da seguridade social (assistenciais e previdenciários) devem compor um sistema consistente e coerente evitando incongruências na concessão de benefícios, cuja consequência mais óbvia é o tratamento anti-isonômico entre os diversos beneficiários das políticas governamentais de assistência social.

Neste sentido, no intuito de demonstrar que a ausência de critérios objetivos, tem causado injustiças, ou seja, a falta de coerência do sistema destacam-se os exemplos dados pelo Ministro no decorrer do eu voto:

"Apenas para citar um exemplo, refira-se ao Estatuto do

2.1 O CRITÉRIO ECONÔMICO DEFINIDO NA LEI ORGÂNICA DE AMPARO SOCIAL

Idoso, que em seu art. 34 dispõe que *"o benefício já concedido a qualquer membro da família nos termos do caput não será computado para os fins do cálculo da renda familiar per capita a que se refere a Loas"*. Não se vislumbra qualquer justificativa plausível para a discriminação dos portadores de deficiência em relação aos idosos. Imagine-se a situação hipotética de dois casais, ambos pobres, sendo o primeiro composto por dois idosos e o segundo por um portador de deficiência e um idoso. Conforme a dicção literal do referido art. 34, quanto ao primeiro casal, ambos os idosos tem direito ao benefício assistencial de prestação continuada; entretanto, no segundo caso, o idoso casado com o deficiente não pode ser beneficiário do direito, se o seu parceiro portador de deficiência já recebe o benefício. Isso claramente revela a falta de coerência do sistema, tendo em vista que a própria Constituição elegeu os portadores de deficiência e os idosos, em igualdade de condições, como beneficiários desse direito assistencial".

Vejamos o segundo exemplo:

"Registre-se, ainda, que, conforme esse mesmo art. 34 do Estatuto do Idoso, o benefício previdenciário de aposentadoria, ainda que no valor de um salário mínimo, recebido por um idoso, também obstaculiza a percepção de benefício assistencial pelo idoso consorte, pois o valor da renda familiar *per capita* superaria ¼ do salário mínimo definido pela Lei 8.742/1993 como critério para aferir a hipossuficiência econômica, já que benefícios previdenciários recebidos por idosos não são excluídos do cálculo da renda familiar."

Em razão deste raciocínio, diversos juízes têm decidido que os benefícios previdenciários no valor mínimo, ou outro benefício assistencial percebido por idoso, é excluído da renda per capta do grupo familiar, sendo que tal matéria hoje é sumulada (Sumula nº 20 das Turmas Recursais de Santa Catarina e Precedentes da Turma Regional de Uniformização), e também que o benefício assistencial percebido por qualquer outro membro da família não é considerado para fins de apuração da renda familiar.

Entretanto, insta esclarecer que esses entendimentos variam de acordo com a uma análise subjetiva do juiz, ou seja, tal interpretação não ocorre na esfera administrativa, conforme será demonstrado através de uma análise qualitativa posteriormente.

Assim, vê-se que, o histórico das concessões do beneficio de prestação continuada, demonstram uma insuficiência da LOAS em definir critérios para a efetividade desse direito fundamental, restando ao Poder Judiciário, quando julgar além da norma, fazê-lo com reservas, para não violar o princípio democrático, e o princípio da separação dos poderes. Neste sentido SARLET, 2006, p.356, exorta:

[...] além de uma crescente conscientização por parte dos órgãos do Poder Judiciário que não apenas podem como devem zelar pela efetivação dos direitos fundamentais sociais, mas ao fazê-lo deverão obrar com a máxima cautela e responsabilidade, seja ao concederam ou não um direito subjetivo a determinada prestação social, seja quando declararem a inconstitucionalidade de alguma medida restritiva e/ou retrocessiva de algum direito social, sem que tal postura, como já esperamos ter logrado fundamentar, venha a implicar necessariamente uma violação do princípio democrático e do princípio da separação dos poderes.

No entender do Ministro Gilmar Mendes no julgamento da Reclamação nº 4374, o mesmo se posiciona quanto a atuação do Poder Judiciário da seguinte forma:

"Uma difícil questão constitucional, que vem sendo resolvida pela atuação corajosa da magistratura de primeira instância, na tentativa de remediar um gravíssimo problema social que se notabiliza como uma soma de injustiças, decorrente de uma desencontrada relação entre a letra objetiva da lei e a vontade da Constituição. (...) A análise histórica dos modos de raciocínio judiciário demonstra que os juízes, quando se deparam com uma situação de incompatibilidade entre o que prescreve a lei e o que se lhes apresenta como a solução mais justa para o caso, não tergiversam na procura das melhores técnicas hermenêuticas para reconstruir os sentidos possíveis do texto legal e viabilizar a adoção da justa solução."

Não restam dúvidas que o critério econômico para concessão do benefício assistencial é condição imposta normativamente, o que faz com que muitos benefícios requeridos administrativamente no INSS, sejam indeferidos de plano. Em consequência, a demanda de ações judiciais objetivando o reconhecimento do direito ao referido benefício tem sido fator preponderante para abarrotar o Poder Judiciário, tendo em vista a relativização desse critério econômico na esfera judicial.

Neste sentido se posiciona BARROSO, 2005, p. 42:

Uma das instigantes novidades do Brasil dos últimos anos foi a virtuosa ascensão institucional do Poder Judiciário. Recuperadas as liberdades democráticas e as garantias da magistratura, juízes e tribunais deixaram de ser um departamento técnico especializado e passaram a desempenhar um papel político, dividindo espaço com o Legislativo e o Executivo.

2.1 O CRITÉRIO ECONÔMICO DEFINIDO NA LEI ORGÂNICA DE AMPARO SOCIAL

Assim, a atual gestão pública do BPC, nos leva a entender que seja inevitável a reformulação legislativa do § 3º, do artigo 20, da Lei Orgânica da Assistência Social, com o objetivo de estabelecer um requisito econômico calcado no princípio da dignidade da pessoa humana, e capaz de promover a justiça social.

Neste sentido destaca-se o posicionamento da Ministra Carmem Lucia (Rcl. 3.805/SP – DJ 18.10.2006) sobre o assunto:

De se concluir, portanto, que o Supremo Tribunal Federal teve por constitucional, em tese (cuidava-se de controle abstrato), a norma do Art. 20 da Lei 8.742/93, mas não afirmou existirem outras situações concretas que impusessem atendimento constitucional e não subsunção áquela norma. (...) A constitucionalidade da norma geral, assim, não significa a inconstitucionalidade dos comportamentos judiciais que para atender, nos casos concretos, á Constituição, garantidora do principio da dignidade da pessoa humana e do direito á saúde, e á obrigação estatal de prestar assistência social a quem dela necessitar, independentemente da contribuição á seguridade social, tenham que definir aquele pagamento diante da constatação da pessoa portadora de deficiência ou do idoso que não possa prover a própria manutenção, ou de tê-la provida por sua família.

Diante do exposto, fica clara a necessidade de ações articuladas das três esferas do governo, e em parceria com a comunidade consciente, de forma séria e comprometida com a justiça social, para formar e manter uma assistência social de qualidade, viável e efetiva, amparada no princípio da dignidade da pessoa humana.

Neste norte, ressalta-se em boa hora o que SARLET, 2006, p.355 afirmou a seguir: O que não se pode esquecer é que nem a previsão de direitos sociais na Constituição, nem sua positivação na esfera infraconstitucional tem o condão de, per si só, produzir o padrão desejável de justiça social, já que fórmulas exclusivamente jurídicas não fornecem o suficiente instrumental para sua concretização, assim como a efetiva implantação dos direitos sociais não pode ficar na dependência exclusiva dos órgãos judiciais, por mais que estes cumpram destacado papel nesta esfera.

É em tal sentido que, a própria evolução jurisprudencial e doutrinária caminha no sentido de dar interpretação sistemática à lei permitindo a flexibilização do critério objetivo e combinação com outros fatores que permitem que a assistência social estatal atinja seu público alvo, ou seja, aquele verdadeiramente miserável, que foi impedido por vários motivos (físicos, etários, raciais), do exercício das conquistas individuais, e sociais do cidadão.

2.2 A Relativização Territorial do Critério Econômico – Ação Civil Pública

A ação civil pública nº 2001.72.05.007738-6 foi ajuizada em 12/12/2001, pelo Ministério Público Federal na 1ª Vara Federal da Circunscrição Judiciária de Blumenau. A parte autora pretendia inclusive liminarmente, que o Instituto Nacional de Seguro Social, em solidariedade jurídica com a União Federal, fosse compelido a revisar procedimentos administrativos voltados para concessão do benefício instituído pela Lei nº 8.742/93.

Em princípio o Juiz monocrático indeferiu o pedido liminar, mas a procuradoria da república recorreu sustentando que a inclusão da renda mensal vitalícia do idoso e do benefício assistencial do deficiente na base de cálculo, nos termos de instrução normativa do INSS, seria contrária ao Princípio Constitucional da Isonomia, e o Tribunal Regional Federal da 4ª Região reformou a decisão.

Ao analisar o recurso interposto pelo MPF no tribunal, o desembargador Aurvalle, relator do caso na corte, entendeu que a liminar deveria ser concedida, pois para ele a Previdência e a Assistência Social estão alicerçadas nos Princípios Constitucionais da Solidariedade e da Proteção, destacando que a sensibilidade e a visão humanitária devem orientar na solução dos litígios relacionados às prestações sociais.

Dessa forma, considerou Aurvalle que, se é de miserabilidade a situação da família com renda de um salário mínimo, consistente em benefício disciplinado pela Loas, "também o é pelo Regime Geral da Previdência Social, quando o benefício recebido por um membro da família se restringe ao mínimo legal".

A renda familiar de um salário mínimo, recebida por um integrante da família, independentemente da origem da receita, "não poderá ser impedimento para que outro membro, cumprindo os demais requisitos exigidos pela Lei 8.742/93, aufira o benefício assistencial", afirmou o desembargador em sua decisão.

Eis um trecho da fundamentação da referida decisão:

"O benefício mensal de um salário mínimo recebido por qualquer membro da família, como única fonte de recursos, não afasta a condição de miserabilidade do núcleo familiar, em cuja situação se justifica a concessão de amparo social a outro membro da família que

2.2 A RELATIVIZAÇÃO TERRITORIAL DO CRITÉRIO ECONÔMICO - AÇÃO CIVIL PÚBLICA

cumpra o requisito idade. Seria indiscutível contra-senso se entender que o benefício mensal de um salário mínimo, na forma da LOAS, recebido por um membro da família, não impede a concessão de igual benefício a outro membro, ao passo que a concessão de aposentadoria por idade, no valor de um salário mínimo, nas mesmas condições, seria obstáculo à concessão de benefício assistencial.(...) A renda familiar de um salário mínimo, percebida por um membro da família, independente da origem da receita, não poderá ser impedimento para que outro membro, cumprido os demais requisitos exigidos pela Lei nº 8.742/93, aufira o benefício assistencial, pois a condição econômica para a sobrevivência é exatamente igual àquela situação de que trata o parágrafo único do artigo 34 da Lei nº 10.741/2003. Sob este prisma, ainda que tratando especificamente do idoso, a regra não pode deixar de ser aplicada no caso do "incapaz para a vida independente e para o trabalho", porquanto economicamente não se pode dizer que se defronta com situações distintas."

Assim, dentro deste prisma, ainda por uma questão de igualdade, seria plausível que, quando o benefício previdenciário recebido por membro da família supere o patamar de um salário mínimo, a renda familiar per capita deveria ser calculada após a exclusão do valor de um salário mínimo da renda total bruta, pois se para concessão do benefício assistencial ao idoso ou deficiente deve ser excluído do cálculo da renda per capita qualquer benefício assistencial ou previdenciário à razão de um salário mínimo, quando o benefício recebido por algum membro da família superar este patamar, o valor de um salário mínimo também deveria ser excluído do cálculo da renda per capita.

A liminar postulada na inicial foi deferida parcialmente, nos limites territoriais da Circunscrição Judiciária de Blumenau para determinar ao INSS (em responsabilidade solidária com a União):

a. Que ao dar cumprimento ao Art. 203, inciso V, da Constituição Federal de 1998, não denegue o benefício devido ao portador de deficiência incapacitado para o trabalho, sob o argumento de aplicação do Art. 20, § 2º da Lei 8.742/93, no sentido de que, apesar de não ter condições para o trabalho, o portador de deficiência é capacitado para a vida independente;

b. Que ao dar cumprimento ao art. 203, inciso V, da Constituição Federal de 1998, não denegue o benefício devido ao portador de deficiência sem condições para a própria manutenção ou de tê-la provida por sua família, sob o argumento de aplicação do art. 20, § 3º, da Lei nº 8.742/93, no sentido de que a renda per capta da família do portador de deficiência é superior a ¼ do salário mínimo (no caso, quando a renda per capta da família do portador de deficiência for inferior a ¼ do salário mínimo, deverá o INSS assumir a presunção júris et de jure de sua miserabilidade, todavia, quando for ela superior a tal quantia, a denegação do beneficio há de ser devidamente fundamentada pelos demais elementos de prova que se circunscrevem ao caso concreto); e,

c. Que promova no prazo de 120 dias, a revisão de todos os pedidos que tenham sido denegados, em relação ás pessoas portadoras de deficiência, sob a égide da Lei nº 8.742/93, devendo aplicar, no processo de revisão, os parâmetros delineados nas alíneas a e b acima (após o prazo aqui estabelecido, deverá o INSS comprovar documentalmente a conclusão dos trabalhos revisionais, juntando aos autos cópia integral dos procedimentos administrativos em que correu a manutenção do indeferimento).

Ocorre que, embora referida decisão seja no sentido de relativizar a norma, buscando a aplicação do Princípio da Dignidade da Pessoa Humana, a mesma só teve e/ou tem aplicação e eficácia para a Agência de Previdência Social de Blumenau, que também abrange as cidades de Agrolândia, Agronômica, Apiúna, Ascurra, Atalanta, Aurora, Benedito Novo, Blumenau, Botuverá, Braço do Trombudo, Brusque, Chapadão do Lageado, Donna Ema, Doutor Pedrinho, Gaspar, Guabiruba, Ibirama, Ilhota, Imbua, Indaial, Ituporanga, José Boiteux, Laurentino, Lontras, Luiz Alves, Mirim Doce, Petrolandia Pomerode, Pouso Redondo, Presidente Getulio, Presidente Nereu, Rio do Campo, Rio do Oeste Rio do Sul, Rio dos Cedros, Rodeio, Salete, Santa Terezinha, Taió , Timbó, Tronbudo Central, Vidal Ramos, Vidro Meireles, Witmarsum, o que fere frontalmente o Princípio da Isonomia, Solidariedade e Proteção, pois os idosos e deficientes dos municípios circunvizinhos (como o município do Itajaí por exemplo) não merecem tratamento diferenciado.

Além do pedido liminar, a demanda continha os seguintes pedidos:

1. A declaração de inconstitucionalidade dos §§ 2º e 3º da Lei 8.742/93 e do Decreto nº 1.744/95;

2. Seja o INSS e, solidariamente a União Federal, no âmbito da circunscrição da Justiça Federal de Blumenau, condenados a não denegar o benefício devido á pessoa portadora de deficiência que não tenha condição para sua manutenção ou de tê-la provida por sua família, em face dos argumentos levantados no pedido 1 e 2 do pedido liminar, inclusive que seja declarada a inaplicabilidade do Art. 20, §§ 2º e 3º da Lei 8.742/93, no que diz respeito a restringir a concessão do beneficio ao cumprimento das condições cumuladas do beneficiado não ter condições para a vida independente e para o trabalho, assim como o fato de restringir o conceito de miserabilidade á ínfima parcela de 25% do salário de mínimo como renda per capta da família da pessoa portadora de deficiência;

3. Em caso de comprovada inadequação do benefício á pessoa portadora de deficiência, quer na revisão administrativa ou em eventual revisão que venha a se fazer na instrução processual desta Ação Civil Pública, seja aplicada uma multa, a ser arcada pelo INSS e União Federal, solidariamente, em favor do prejudicado, correspondente a cinco vezes o valor não percebido, na forma e tempos oportunos, a título de indenização por danos morais;

4. A condenação dos réus ao patrocínio em jornal de divulgação regional, da publicação da sentença.

Aduziu em síntese o órgão ministerial que, o INSS estaria analisando os pedidos de concessão do benefício de prestação continuada, previsto no Art. 20 da Lei nº 8.742/93, com base nas disposições do citado dispositivo constitucional, sendo que, os parágrafos 2º e 3º do referido artigo seriam inconstitucionais, por ofenderem os disposto no art. 203, inciso V, e 5º, caput, da Magna Carta, posto que instituíram restrições á concessão do benefício as quais retirariam a eficácia do texto constitucional.

O processo foi julgado extinto com apreciação do mérito, nos termos do Art. 269, inciso I do Código de Processo Civil, acolhendo parcialmente o pedido formulado na inicial por entendê-lo em parte procedente, e determinando ao INSS, em responsabilidade solidária com a União Federal, nos limites da circunscrição judiciária de Blumenau, que, cumulativamente:

    a. Não indefira requerimentos pleiteando a concessão de

benefício garantido pelo Art. 203, inciso V, da Constituição Federal de 1988, sob o argumento de observância ao art. 20, § 2º da Lei 8.742/93, pelo só fato do requerente, sendo incapacitado para atividade laboral e necessitando ser assistido, cuidado, observado, vigiado, amparado ou acompanhado por outrem, estar contudo possibilitado de, sozinho, alimentar-se, higienizar-se, ou praticar outros atos de pouca complexidade na vida cotidiana;

b. Não indefira requerimentos pleiteando a concessão de benefício garantido pelo Art. 203, inciso V, da Constituição Federal de 1988, sob o argumento de observância ao art. 20, § 2º da Lei 8.742/93, pelo só fato da família do requerente possuir renda per capta superior a 1/4 (um quarto) do salário mínimo (no caso, quando a renda per capta da família do requerente for inferior a ¼ do salário mínimo, devera o INSS assumir a presunção júris et de jure de sua miserabilidade para fins de concessão do benefício; todavia quando for ela superior a tal quantia, eventual denegação do benefício terá que ser devidamente fundamentada em outros elementos de prova que se circunscrevem ao caso concreto, e não na simples observância ao citado art. 20, § 2º da Lei 8.742/93; e,

c. Promova, no prazo de 120 dias, a revisão de todos os pedidos de concessão do benefício garantido pelo art. 203, inciso V, da Constituição Federal de 1988, que tenham sido denegados sob a égide da Lei 8.742/93, devendo aplicar no processo de revisão os parâmetros delineados nas alíneas a e b acima (ao fim do prazo fixado, devera o INSS comprovar documentalmente a conclusão dos trabalhos revisionais, juntando aos autos cópia integral dos procedimentos administrativos pertinentes, inclusive com a documentação comprobatória da efetivação das revisões);

d. Fixo multa de R$ 20.000,00 para cada caso onde houver descumprimento das determinações constantes das alíneas a, b e c supra, sem prejuízo das sanções penais, administrativas e civis aplicáveis. A destinação das multas eventualmente aplicadas será decidida por ocasião da eventual execução das mesmas.

Desta decisão, foi interposto Recurso de Apelação pelo INSS e pela União Federal, mas a sentença proferida foi mantida no sentido de:

a. Determinar ao INSS, e solidariamente a União Federal, nos limites da circunscrição judiciária de Blumenau, que não indefira os requerimentos administrativos em que se pleiteia a concessão do benefício assistencial tão somente pelo fato do requerente, "sendo incapacitado para a atividade laboral e necessitando ser assistido, cuidado, observado, vigiado, amparado ou acompanhado por outrem, estar contudo possibilitado de, sozinho, alimentar-se, higienizar-se, ou praticar poucos atos de pouca complexidade na vida cotidiana", bem como pelo fato da renda per capta da família do beneficiário ultrapassar o limite de ¼ do salário mínimo, devendo apreciar cada caso em face de suas particularidade, considerando, para tal fim, todas as despesas efetuadas com medicação plano de saúde, alimentação taxas e impostos (luz, água, saneamento básico, etc.), bem como condições de moradia e as exigências de tratamento e cuidados com o postulante, independentemente da limitação econômica imposta, a qual deve ser entendida como um limite objetivamente considerado, abaixo do qual a miserabilidade é presumida.
b. De outra parte, entendo razoável o prazo de 120 dias, fixado na alínea c da parte dispositiva do julgado, para que o INSS promova a revisão dos benefícios assistenciais, nos termos da fundamentação, não excluída a hipótese de prorrogação do mesmo, mediante razões devidamente fundamentadas, em face das peculiaridades e eventuais obstáculos experimentados pela Autarquia;
c. Por fim, no que se refere a fixação de multa diária, em caso de descumprimento da decisão, as Turmas Previdenciárias deste Tribunal têm entendido por reduzir o valor estipulado para R$ 25,00 (vinte e cinco reais). Isso porque o valor é irrelevante, porquanto a multa só será aplicada em caso de descumprimento, e o descumprimento pode configurar hipótese de improbidade administrativa com suas devidas consequências.

Em outras palavras, a decisão da Ação Civil Pública considera que, se o salário mínimo atual corresponde a R$ 678,00 (Seiscentos e setenta e oito reais), caso o membro da família receba benefício previdenciário no valor de R$ 800,00 (Oitocentos reais), a renda familiar per capita deve ser calculada após a subtração do montante correspondente ao salário mínimo (R$ 800,00 – R$ 678,00 = R$ 122,00/número de membros do grupo familiar.

Ocorre que, após referida decisão, o INSS e a União Federal interpuseram Recurso Especial ao Superior Tribunal de Justiça, atacando a ilegitimidade ativa do órgão ministerial para a propositura de Ação Civil Pública, ocasião em que foi dado provimento ao Recurso Especial do INSS, para reformar o acórdão recorrido, declarando a ilegitimidade ativa do Ministério Público, e julgando extinto o processo sem resolução do mérito em 19/03/2009.

Dando sequência ao processo, desta decisão foi interposto pelo Ministério Público Federal, Recurso Extraordinário ao Supremo Tribunal Federal o qual está sobrestado, aguardando decisão de instância superior até a presente data.

Ocorre que, desde 19/12/2001 (data em que foi concedida a medida liminar) até a presente data, a APS de Blumenau teve que rever todos os processos de LOAS, e passou a relativizar a norma, conforme determinado na decisão liminar, e caso seja mantida a última decisão proferida na Ação Civil Pública, a liminar será caçada, e referida APS também voltará a aplicar a letra fria da lei.

Ainda, prosseguindo na mesma hipótese, todos os benefícios concedidos após 19/12/2001 nos termos da decisão liminar (relativizando o critério econômico), serão suspensos/cancelados e/ou revisados novamente, e todo o valor que foi despendido com o pagamento dos referidos benefícios, não serão ressarcidos aos cofres públicos, pois trata-e de verba de caráter alimentar, fato este que só confirma um enorme gasto de dinheiro público, decorrente da ausência de fixação critérios econômicos e sociais dignos e claros, capazes de garantir assistência social aos necessitados, conforme previsto na Constituição da República.

Importante salientar que, no tocante a abrangência nacional das Ações Civis Públicas, a quarta turma do Superior Tribunal de Justiça, se posicionou recentemente (04/2013), no julgamento o Recurso Especial nº 1398425, sustentou que, as decisões tomadas nessas ações valem para todo o país, não importando o local onde foram proferidas. Para isso, basta que o pedido do processo inclua beneficiários em todo o território nacional, o que não ocorreu na ação mencionada.

Normalmente, a ação coletiva deve ser proposta em uma capital, e o sistema funciona da seguinte forma: primeiro, um direito coletivo é reconhecido no processo principal. A partir daí, as pessoas podem entrar na Justiça, individualmente, para beneficiar-se da decisão, devem somente provar que foram afetadas, mas para que isto ocorra, é necessário que o pedido do processo inclua beneficiários em todo o território nacional.

A decisão representa uma reviravolta no posicionamento do STJ que até então, entendia que as sentenças das ações civis públicas só valiam no território de atuação da corte que a emitiu. Por exemplo, uma decisão do TJRS, se aplicaria apenas em território gaúcho; enquanto um acórdão do Tribunal Regional Federal da 4ª Região teria efeitos restritos aos Estados (RS, SC e PR) da área de sua abrangência.

Assim, vê-se que, pós esta decisão a amplitude territorial da decisão dependerá somente do pedido feito no processo e do rol de beneficiários, o que não ocorreu no caso em tela, pois o pedido se deu nos limites territoriais da Circunscrição Judiciária de Blumenau. Ainda, tal entendimento esta sendo aplicado por analogia somente nos casos em que já houve o trânsito em julgado da sentença, o que também não se verifica no caso em tela, pois embora já tenha decisão de primeira instância de parcial procedência em 08/04/2012, o processo está sobrestado/suspenso aguardando decisão do Supremo Tribunal Federal.

2.3 Reflexos da Ação de Interdição Civil no BPC - "Troca-se autonomia por um salário mínimo?"

Segundo CRETELLA (2004, p. 412), os institutos da interdição e da curatela, como normas jurídicas, tiveram suas origens no Direito Romano e preservam a estrutura básica de seus procedimentos (ritos processuais). Com o advento do Código Civil Brasileiro de 1916, em vigor até janeiro de 2003, no tocante aos institutos da interdição e da curatela, eram considerados incapazes de exercer pessoalmente os atos da vida civil e, portanto, sujeitos à curatela, "os loucos de todo o gênero"; "os surdos-mudos que não puderem exprimir a sua vontade" e os "pródigos" (Brasil, 1916, Art. 5º e Art. 446).

Prosseguindo o autor sustenta que, em vários países do ocidente, as reformas legislativas ocorreram de forma significativa nas décadas de 60 e 70 do século XX e traziam cada vez mais uma preocupação maior com a autonomia e preservação dos direitos personalíssimos e indisponíveis dos indivíduos (vida, liberdade, integridade física, moral e intelectual), com repercussões significativas no trato das questões referente à interdição e à curatela.

No Brasil, entretanto, as alterações referentes à interdição, ainda que de forma tímida, e decorrentes do rol taxativo e absolutamente impreciso do código de 1916, só foram efetivadas com a entrada em vigor do novo Código Civil de 2002 que passou a vigorar a partir de janeiro de 2003.

O novo Código Civil, introduziu uma nomenclatura mais adequada ao estado do conhecimento da época, prevendo em seu Art. 1.767, que estão sujeitos à curatela:

I. aqueles que, por enfermidade ou deficiência mental, não tiverem o necessário discernimento para os atos da vida civil;
II. aqueles que, por outra causa duradoura, não puderem exprimir a sua vontade;
III. os deficientes mentais, os ébrios habituais e os viciados em tóxicos;
IV. os excepcionais sem completo desenvolvimento mental;
V. os pródigos.

Dessa forma, para que seja possível a interdição, não basta a mera existência da enfermidade ou deficiência mental. É fundamental a caracterização da ausência de discernimento para a prática do ato ou a impossibilidade de expressão da vontade determinada por causa duradoura.

O médico-perito é o profissional que detém o saber/poder de determinar, com a autoridade que lhe é conferida oficialmente, se a pessoa é, ou não um doente; se ela tem ou não discernimento; se ela é capaz ou incapaz, e qual o grau de sua incapacidade.

É através deste olhar, isto é, da doença descrita, categorizada e atribuída ao sujeito por um profissional da área médica, que a justiça dará o veredito que definirá o papel que o sujeito passará a desempenhar na vida social.

A interdição é, pois, conforme enuncia o verbete, um ato de responsabilidade pública, que é exercido a partir de uma decisão judicial, em defesa dos interesses da sociedade. Esse contexto traz consigo uma redução drástica da possibilidade de autonomia, e do exercício de direitos na esfera civil.

Ocorre que, tal instituto muitas vezes é banalizado pela realidade de inúmeras interdições mecânicas, e desnecessariamente concedidas; por laudos periciais que se reproduzem de forma burocrática e estigmatizante; pelo atendimento a interesses outros, geralmente associados a questões econômicas e/ou burocráticas/previdenciárias (LOAS); por audiências repetitivas, limitadas pelo tempo que dificulta a escuta, a percepção e a sensibilidade acurada para discernir se o paciente submetido à interdição deve realmente ser interditado; e, por outro lado, se o candidato ao exercício da curatela possui honestidade e caráter necessário de quem lidará, com recurso financeiro que não lhe pertence, pois destinado ao curatelado.

Exemplo dessa situação de banalização do instituto da interdição civil, é o crescimento do número de interdições que tramitam na Justiça Estadual entre a população de baixíssima renda, tendo como objetivo maior, o recebimento do Beneficio de Prestação Continuada – BPC, embora a Lei Orgânica da Assistência Social – LOAS, em nenhum momento faça menção a essa exigência.

Não restam dúvidas que tal exigência é fruto da interpretação errônea de normas operacionais do INSS, por inúmeras Agências desse Instituto espalhadas pelo país, que exigiam a certidão de curatela quando a incapacidade para a vida independente (conforme expressa a LOAS em seu Art. nº 20, § 2º) era ocasionado por doença ou deficiência mental.

Importante destacar que, Incapacidade para o trabalho ou para prover de forma independente sua subsistência, e incapacidade para os atos da vida civil, são incapacidades de natureza distintas, não sendo a última, necessariamente, consequência da primeira. Vejamos: uma pessoa pode ser considerada incapaz para prover sua subsistência de forma independente, fazendo, portanto, jus ao BPC (em atenção ao direito de sobrevivência), sem que necessite ser interditada (medida drástica de restrição de direitos civis), entretanto, o contrário se presume, pois se uma pessoa esta interditada para os atos da vida civil, necessariamente/obrigatoriamente está impossibilitada de prover sua própria subsistência, logo fará jus ao BPC.

Assim, vê-se que, a proteção que os institutos em análise deveriam proporcionar se transforma, no entanto, em inverdade, por conta de milhares de pessoas que se sujeitam ao processo de interdição, procurando provar sua incapacidade a fim de alcançar o benefício da LOAS, que na prática se alcança sem o requisito da interdição, mas que, contudo, vinha sendo exigido da população, por falta de informação adequada, ou por informações erroneamente transmitidas pela esfera administrativa.

Parafraseando SARLET, 2005, o que se vê é o estatuto da Interdição e da Curatela desvirtuados de seus propósitos, pois, dado o caráter protetivo que lhes é atribuído, é mister se ressalte, deveriam estar inseparável e inexoravelmente, unidas a direitos fundamentais que se sustentam na dignidade humana, em sua dúplice dimensão: "vinculada à ideia de autodeterminação no que diz com as decisões essenciais a respeito da própria existência", assim como à "necessidade de sua proteção (assistência) por parte da comunidade e do Estado, especialmente quando fragilizada ou até mesmo – e principalmente – quando ausente a capacidade de autodeterminação" (dimensão prestacional da dignidade) (SARLET, 2005, p.30).

O que se observa também é um grande desperdício de dinheiro público nos processos de interdição, e de BPC, para pessoas deficientes, pois como já vimos nem todas as pessoas que recebem LOAS são interditadas mas, do contrário a hipótese se confirma, entretanto, em vários processos de LOAS por incapacidade, onde o interditado já passou por perícia médica na Justiça Estadual, e teve atestada sua incapacidade para os atos da vida civil, o mesmo autor quando solicita em processo judicial na Justiça Federal, a concessão do BPC, é obrigado a passar por nova perícia médica para novamente atestar sua incapacidade para manter a própria subsistência.

Isto posto, não restam dúvidas que esta não ligação e/ou reconhecimento da incapacidade definitiva para os atos da vida civil por meio de sentença judicial transitada em julgado na esfera estadual, não tenha validade e/ou repercussão alguma, para poupar a Justiça Federal de realizar atos já praticados, causa grande morosidade ao Poder Judiciário, que tem valor inestimável.

2.4 O Custo do Processo Judicial

A questão dos custos compreende uma análise da situação do serviço judiciário desde à manutenção permanente de seus prédios, instalações e equipamentos, até os serventuários e magistrados, cujo custeio certamente compete ao Estado, pois lhe incumbe a tarefa de implantar e manter todos os serviços essenciais à Jurisdição.

A discussão a respeito dos custos na Justiça brasileira, vem ganhando ênfase nos debates em torno da reforma do Poder Judiciário, em especial nas mudanças de cunho gerencial e processual.

O Conselho Nacional de Justiça (CNJ), recentemente

(2011) contratou o Instituto de Pesquisa Econômica Aplicada (IPEA), para obter o custo unitário do Processo de Execução Fiscal na Justiça Federal. Segundo Alexandre Cunha, técnico do IPEA: "Quando se discute a redução de custos no Judiciário é preciso saber se vamos mexer na lei, na organização, nos procedimentos ou nas rotinas administrativas".

Assim, o trabalho originário buscou através de uma pesquisa quantitativa realizada na APS do Município de Itajaí, no ano de 2010, fazer uma análise de quanto custa ao Estado manter a esfera administrativa (INSS), e outra judicial (Justiça Federal), para análise do Benefício de Prestação Continuada. Neste sentido destaca-se a reflexão de HOLMES, 2011, p. 80:

Es imposible obtener un tratamiento igualitario ante la ley en un territorio vasto sin organismos burocráticos relativamente eficaces, honestos y centralizados que sean capazes de crear derechos y de defenderlos.

No tocante ao custo financeiro, no caso do Benefício de Prestação Continuada, existe uma particularidade, pois o serviço desempenhado pelo Poder Judiciário em favor do litigante, que a ele recorre para obter assistência social, ocorre sem que o mesmo suporte seus respectivos custos, como contraprestação proporcional pela prestação jurisdicional.

Neste particular, a garantia da prestação de assistência jurídica integral e gratuita, por meio das defensorias públicas, aos que comprovarem insuficiência de recursos (CF, arts. 5º, LXXIV e 134); e ainda a garantia constitucional bem mais ampla e generosa oferecida pela Lei nº 1.060, de 1950, que estabelece normas para a concessão de assistência judiciária aos necessitados, tornam o custo do processo judicial, ainda maior ao Estado.

A assistência judiciária, conferida aos necessitados, compreende as seguintes isenções, nos termos do art. 3º da Lei nº 1060/50: a) das taxas judiciárias e dos selos; b) dos emolumentos e custas devidos aos juízes, órgãos do Ministério Público e serventuários da Justiça; c) das despesas com as publicações indispensáveis no jornal encarregado da divulgação dos atos oficiais; d) das indenizações devidas às testemunhas que, quando empregados, receberão do empregador salário integral, como se em serviço estivesse, ressalvado o direito regressivo contra o poder público federal, no Distrito Federal e nos Territórios; ou contra o poder público estadual, nos Estados; e) dos honorários de advogado e peritos. Isto porque o custo potencial do processo poderia afastar do

Poder Judiciário, parcela significativa de cidadãos.

    Assim, vê-se que diante de tantas variáveis (justiças especializadas (estadual, federal, juizados especiais e do trabalho, procedimentos jurídicos diversos, pretensão e capacidade financeira das partes litigantes, provas a serem produzidas, dentre outras), não temos dados reais do custo de cada processo que tramita no judiciário, sendo muito difícil, ou no mínimo complexo, mensurar estes valores, pois ainda não temos a cultura de pensar o judiciário em números.

    Talvez por não haver tradição e/ou preocupação da administração pública, e do próprio poder judiciário em fazer a análise econômica do direito é que se chegou hoje, ao problema chamado "morosidade do judiciário", que tem custo inestimável, pois muitas vezes o que o processo custa ao Estado, durante seu tramite, é maior que o próprio valor financeiro almejado pela parte.

    Vejamos o entendimento de CUNHA, 2004.

    A mensuração de custos na administração pública é um grande desafio metodológico, em virtude da dificuldade não apenas de mensurar os benefícios gerados, mas também de identificar todos os elementos de custo e de atribuir-lhes valores monetários com alguma precisão. Isto é ainda mais significativo no caso do Poder Judiciário, que não tem tradição em gerar os dados necessários para a realização desta espécie de cálculo.

    Neste viés destaca-se a reflexão do livro El costo de los Derechos de HOLMES, 2011, p. 50:

    Atender al costo de los derechos plantea una cantidad de cuestines adicionales, no solo acerca de cuanto custan sino tembién sobre quien decide cómo asignar nuestros escasos recursos públicos para protegerlos, y para quién. Cuáles son los principios que se invocan habitualmente para guiar esas asignaciones? Es posible de fender esos principios?

    Juntamente com a análise dos custos materiais (financeiros) e mensuráveis ainda que de forma estatística, pois há certa carência de dados confiáveis e atuais que permitam avaliações objetivas e seguras, é relevante pensar também o binômio custo-duração do processo judicial, vez que o tempo de prestação da Justiça é preocupação tão importante que a Emenda Constitucional nº 45/2004 adicionou aos direitos fundamentais do artigo 5º da Constituição da República, a previsão da razoável duração do processo e dos meios que garantam a celeridade de sua tramitação.

    Os diagnósticos divulgados nos últimos anos vêm

revelando que os principais desafios a serem enfrentados dizem respeito aos seguintes aspectos: morosidade; alto número de processos em estoque; alto custo da tramitação processual; e baixo índice de processos sentenciados a tempo de resolver efetivamente o conflito (SANTOS, 2005; HAMMERGREN, 2007; CAMPOS, 2008; CNJ, 2010).

Buscando soluções para minimizar o impacto negativo desses custos para as partes, entre eles a racionalização dos meios de produção de provas e dos procedimentos judiciais, e com o intuito de atender esta necessidade, nasceu o Processo Eletrônico, e com ele a dispensa de se levar a um local físico, toneladas de documentos que lotam as estantes dos fóruns e tribunais.

Isso significa que, o trabalho rotineiro de servidores de cartórios judiciais também tende a ser melhor aproveitado, pois o protocolo, distribuição e organização de petições eletrônicas são feitos automaticamente, ou seja, atualmente no Juizado Especial Previdenciário da Circunscrição Judiciária de Itajaí (onde se processa o benefício em questão), não precisa de funcionários para receber, autuar e numerar milhões de processos e documentos, atividades burocráticas, que frequentemente eram acumuladas, impedindo a tramitação do processo em tempo razoável.

Com essas providências, dentre outras, realmente se espera uma menor duração e custo dos processos e maior prestígio do Judiciário perante a sociedade. Confirmando-se essa expectativa, não restam dúvidas que a Justiça ficaria um pouco menos onerosa, pois com o processo judicial eletrônico demandando menor tempo, diminuem os custos com a sua manutenção, para o Estado.

Destaca-se opinião de PASTOR, 2003, na Terceira Conferência sobre Justiça e Desenvolvimento na América Latina e no Caribe:

Ao compreender o Judiciário como prestador de serviço, o que se pretende vai além de qualquer avaliação sobre se o sistema de justiça pode produzir decisões a menor custo; cabe também refletir sobre se a Justiça efetivamente exerce as funções que são de sua responsabilidade, além de considerar a relação entre a qualidade do serviço prestado e os resultados obtidos.

Sabe-se que a tramitação eletrônica dos processos não resolverá individualmente o grave problema do alto custo e da morosidade judicial, o que seria possível apenas quando as esferas administrativas e judiciais trabalhassem em parceria, e com um mesmo objetivo: o de fazer justiça!

CAPÍTULO 3

DESCRIÇÃO E ANÁLISE DOS RESULTADOS

3.1 Análise Quantitativa

Inicialmente importante esclarecer que nesta análise quantitativa, foi feito um levantamento referente ao número de requerimentos para concessão do Benefício de Prestação Continuada na Agência de Previdência Social do Município de Itajaí no ano de 2010. Insta esclarecer que a escolha pelo ano de 2010, foi para facilitar posteriormente a análise judicial dos processos que envolvem este benefício, os quais, na grande maioria já transitaram em julgado na Justiça Federal.

Conforme a tabela abaixo, foram agendados no INSS no ano de 2010, 830 pedido de LOAS, sendo 638 para portadores de deficiência (B87), e 222 para pessoas idosas, destes, apenas 480 portadores de deficiência e 193 idosos, compareceram ao INSS para levar a documentação no dia marcado, e iniciar o processo administrativo para concessão do benefício.

Dos que compareceram 123 portadores de deficiência e 11 idosos tiveram o benefício concedido na esfera administrativa, o restante, 420 pedidos, foram indeferidos administrativamente.

A tabela abaixo demonstra os resultados:

LOAS	AGENDADOS	REQUERIDOS	CONCEDIDOS	INDEFERIDOS
B 87	638	480	123	339
B 88	222	193	115	81
TOTAL	830	673	238	420

B87 – Portador de Deficiência / B 88 – Idoso.

Fez-se uma análise numérica dos processos versando sobre o BPC que chegaram até a Justiça Federal em 2010, sendo que dos 420 que foram indeferidos na esfera administrativa, apenas 134 pedidos de LOAS chegaram a Justiça Federal.

Importante esclarecer que este dado representa ainda, a falta de conhecimento da população alvo deste tipo de benefício, no tocante a possibilidade de poder recorrer ao Poder Judiciário, para ter seu direito reconhecido.

A tabela abaixo mostra que, destes 134 pedidos de LOAS que chegaram até a Justiça Federal, 82 eram pessoas deficiente, e 40 eram idosos, sendo que 12 dos processos ajuizados foram extintos por algum motivo processual, ou por desistência da própria parte.

Dos 82 processos ajuizados por pessoas deficientes 35, tiveram sentença de procedência em 1º grau, 09 foram deferidos em 2º (Turma Recursal), 29 dos recursos interpostos foram julgados improcedentes, e 11 estão até a presente data aguardando decisão do STF.

Da mesma forma, dos 40 processos ajuizados por idosos, 11 tiveram sentença de procedência em 1º grau, 05 foram deferidos na Turma Recursal, 12 dos recursos interpostos foram julgados improcedentes, e 08 estão até a presente data aguardando decisão do STF.

A tabela abaixo demonstra os resultados:

LOAS	PROCESSOS INICIADOS	CONCEDIDOS 1º GRAU	CONCEDIDOS 2º GRAU	INDEFERIDOS 2º GRAU	SOBRESTADO STF
B 87	82	35	9	29	11
Idoso B 88	40	11	5	12	8
Extintos	12				
TOTAL	134	46	14	41	19

Buscou-se de uma forma geral transformar em valores, as disparidades jurídicas demonstradas nas tabelas acima, e tendo em vista que no presente trabalho não houve contratação de nenhum instituto ou órgão qualificado para esta análise econômica do direito, foi feita da seguinte forma:

Na esfera administrativa (INSS), foi utilizado o Portal da Transparência para fazer uma média salarial dos funcionários que recebem e/ou trabalham com os pedidos de LOAS (analista do seguro social, assistente social e médico perito), tomando por base hipoteticamente que em cada uma dessas etapas, cada um destes funcionários públicos gaste em média 30 minutos (numa carga horária de 40 horas semanais), teríamos os valores descritos na tabela abaixo:

3.1 ANÁLISE QUANTITATIVA

SERVIDOR	SALÁRIO BASE (160hr.)	SALÁRIO PROPORCIONAL (30 min.)
Analista de Seguro Social	R$ 8.211,00	R$ 25,66
Assistente Social	R$ 7.180,61	R$ 22,44
Médico Perito	R$ 12.284,25	R$ 38,39
TOTAL		R$ 86,49
INDEFERIMENTOS ADMINISTRATIVOS		420
		R$ 36.325,80
VALOR BENÉFICO		R$ 678,00
NÚMERO DE BENEFÍCIOS		53,58

Da mesma forma, na esfera judicial, também foi utilizado o Portal da Transparência, para fazer uma média salarial dos funcionários que recebem os pedidos de LOAS (técnico judiciário, assistente social, médico perito, juiz, procurador federal e turma recursal), tomando por base hipoteticamente que em cada uma das etapas, cada um deles gasta em média 30 minutos (numa carga horária de 40 horas semanais), teríamos os valores descritos na tabela abaixo:

SERVIDOR	SALÁRIO BASE (160HR.)	SALÁRIO PROPORCIONAL (30 MIN.)
JUIZ	R$ 24.807,43	R$ 77,52
TÉCNICO JUDICIÁRIO	R$ 8.077,84	R$ 25,24
MÉDICO PERITO	R$ 176,10	R$ 176,10
ASSISTENTE SOCIAL	R$ 100,00	R$ 100,00
PROCURADOR	R$ 18.062,00	R$ 56,44
TURMA RECURSAL - 3 JUIZES	R$ 74.422,29	R$ 232,57
	TOTAL	R$ 667,87
PROCESSOS AJUIZADOS		134,00
CUSTO TOTAL		R$ 89.494,58
VALOR BENÉFICO		R$ 678,00
NÚMERO DE BENEFÍCIOS		132

Diante dos dados apresentados não restam dúvidas que, há um grande desperdício de dinheiro público em manter duas esferas públicas para analisar um mesmo benefício. Destaca-se que não restou computado nos valores expostos acima, o que referidos processos causam a título de morosidade no judiciário, nem o quanto custa manter grande parte desses processos parados (aguardando decisão de instância superior - STF), ante a divergência jurisprudencial existente, decorrente do fato do legislador não ter definido com clareza e objetividade os critérios econômicos do BPC.

Ainda, há um agravante de que, a esfera administrativa (INSS) utilizada para análise do referido benefício em tese não teria obrigatoriedade de fazê-lo, pelo fato do referido benefício não ter caráter contributivo, cabendo tal competência ás Secretarias de Assistência Social dos municípios.

Importante frisar que, estes dados se referem única e exclusivamente ao município de Itajaí que atualmente conta com aproximadamente 190 mil habitantes. Mas, se projetarmos referidos dados para todos os municípios do Estado de Santa Catarina teremos dados ainda mais alarmantes.

Na tabela abaixo, segundo dados do senso do IGBE de 2010 (ano em que foi feita a análise quantitativa do presente trabalho), foi feito um levantamento de todos os municípios integrantes do Estado de Santa Catarina, e divididos em 05 (cinco) escalas de acordo com o número de habitantes, vejamos a tabela abaixo:

CIDADES		POPULAÇÃO	
Joinville	515.288		1
Florianópolis	421.240	**acima de**	2
Blumenau	309.011	**200 mil**	3
São José	209.804		4
Criciúma	192.308		1
Chapecó	183.530	**150 a**	2
Itajaí	183.373	**200 mil**	3
Lages	156.727		4
Jaraguá do Sul	143.123		1
Palhoça	137.334	**100 a**	2
Balneário Camboriú	108.089	**150 mil**	3
Brusque	105.503		4
Tubarão	97.235		1
São Bento do Sul	74.801		2
Caçador	70.762		3
Concórdia	68.621		4
Camboriú	62.361	**50 a**	5
Araranguá	61.310	**100 mil**	6
Rio do Sul	61.198		7

Navegantes	60.556		8
Içara	58.833		9
Biguaçu	58.206		10
Gaspar	57.981		11
Indaial	54.854	**50 a**	12
Mafra	52.912	**100 mil**	13
Canoinhas	52.765		14
Laguna	51.562		15

Videira	47.188		1
Itapema	45.797		2
Xanxerê	44.128		3
São Francisco do Sul	42.520		4
Imbituba	40.170		5
Rio Negrinho	39.846		6
Curitibanos	37.748		7
Timbó	36.774		8
São Miguel do Oeste	36.306		9
Guaramirim	35.172		10
Fraiburgo	34.553		11
Porto União	33.493		12
Campos Novos	32.824		13
Tijucas	30.960		14
Braço do Norte	29.018		15
Pomerode	27.759		16
Joaçaba	27.020		17
Sombrio	26.613	**0 a 50 mil**	18
São João Batista	26.260		19
Xaxim	25.713		20
Penha	25.141		21
São Joaquim	24.812		22
Araquari	24.810		23
Forquilhinha	22.548		24
Barra Velha	22.386		25
Ituporanga	22.250		26
Maravilha	22.101		27
São Lourenço do Oeste	21.792		28
Capivari de Baixo	21.674		29
Orleans	21.393		30
Herval d`Oeste	21.239		31

Capinzal	20.769	32
Itaiópolis	20.301	33
Urussanga	20.223	34
Santo Amaro da Imperatriz	19.823	35
Guabiruba	18.430	36
Garopaba	18.138	37
Três Barras	18.129	38
Papanduva	17.928	39
Ibirama	17.330	40
Jaguaruna	17.290	41
Taió	17.260	42
Abelardo Luz	17.100	43
Balneário Piçarras	17.078	44
Seara	16.936	45
Otacílio Costa	16.337	46
Pinhalzinho	16.332	47
Morro da Fumaça	16.126	48
Porto Belo	16.083	49
Palmitos	16.020	50
Santa Cecília	15.757	51
Itapiranga	15.409	52
Schroeder	15.316	53
Cocal do Sul	15.159	54
Presidente Getúlio	14.887	55
Dionísio Cerqueira	14.811	56
Pouso Redondo	14.810	57
Correia Pinto	14.785	58
Itapoá	14.763	59
Garuva	14.761	60
Massaranduba	14.674	61
Lauro Muller	14.367	62
Bombinhas	14.293	63
Corupá	13.852	64
São José do Cedro	13.684	65
Nova Veneza	13.309	66
Governador Celso Ramos	12.999	67
Siderópolis	12.998	68
Ilhota	12.355	69
Nova Trento	12.190	70

0 a 50 mil (spanning rows from Schroeder onwards)

Turvo	11.854		71
Lebon Régis	11.838		72
Campo Alegre	11.748		73
Imaruí	11.672		74
Ponte Serrada	11.031		75
São Ludgero	10.993		76
Balneário Rincão	10.923		77
Rodeio	10.922		78
Urubici	10.699		79
Faxinal dos Guedes	10.661		80
Gravatal	10.635		81
Cunha Porã	10.613		82
Jacinto Machado	10.609		83
Canelinha	10.603		84
Guaraciaba	10.498		85
Irineópolis	10.448		86
Luiz Alves	10.438		87
Sangão	10.400		88
Benedito Novo	10.336		89
São Carlos	10.291		90
Rio dos Cedros	10.284		91
Quilombo	10.248		92
Lontras	10.244	0 a 50 mil	93
Mondaí	10.231		94
Coronel Freitas	10.213		95
Apiúna	9.600		96
Balneário Arroio do Silva	9.586		97
Catanduvas	9.555		98
Pescaria Brava	9.533		99
Irani	9.531		100
São Domingos	9.491		101
Alfredo Wagner	9.410		102
Campo Erê	9.370		103
Agrolândia	9.323		104
Monte Carlo	9.312		105
São José do Cerrito	9.273		106
Saudades	9.016		107
Bom Retiro	8.942		108
Santa Terezinha	8.767		109
Tangará	8.674		110

Descanso	8.634		111
Anita Garibaldi	8.623		112
Balneário Barra do Sul	8.430		113
Iporã do Oeste	8.409		114
Monte Castelo	8.346		115
Balneário Gaivota	8.234		116
Santa Rosa do Sul	8.054		117
Palma Sola	7.765		118
Armazém	7.753		119
Campo Belo do Sul	7.483		120
Major Vieira	7.479		121
Antônio Carlos	7.458		122
Ascurra	7.412		123
Ouro	7.372		124
Salete	7.370		125
Praia Grande	7.267		126
Ipumirim	7.220		127
Timbó Grande	7.167		128
Rio do Oeste	7.090		129
São João do Sul	7.002		130
Meleiro	7.000		131
Água Doce	6.961	0 a 50 mil	132
Treze de Maio	6.876		133
Ipuaçu	6.798		134
Paulo Lopes	6.692		135
Passo de Torres	6.627		136
Trombudo Central	6.553		137
Itá	6.426		138
Maracajá	6.404		139
Anchieta	6.380		140
Treze Tílias	6.341		141
Vidal Ramos	6.290		142
Grão Pará	6.223		143
Caibi	6.219		144
Rio do Campo	6.192		145
Rio das Antas	6.143		146
Petrolândia	6.131		147
Águas de Chapecó	6.110		148
São João do Oeste	6.036		149
Bela Vista do Toldo	6.004		150

3.1 ANÁLISE QUANTITATIVA

Laurentino	6.004		151
Imbuia	5.707		152
Luzerna	5.600		153
Romelândia	5.551		154
Aurora	5.549		155
Águas Mornas	5.548		156
Timbé do Sul	5.308		157
Angelina	5.250		158
Vitor Meireles	5.207		159
São Cristovão do Sul	5.012		160
Guarujá do Sul	4.908		161
Agronômica	4.904		162
Ponte Alta	4.894		163
Riqueza	4.838		164
Vargem Bonita	4.793		165
Piratuba	4.786		166
Ipira	4.752		167
José Boiteux	4.721		168
São Pedro de Alcântara	4.704		169
Guatambú	4.679		170
Lindóia do Sul	4.642		171
Tunápolis	4.633	o a 50 mil	172
Botuverá	4.468		173
Rio Fortuna	4.446		174
Passos Maia	4.425		175
Caxambu do Sul	4.411		176
Bom Jardim da Serra	4.395		177
Erval Velho	4.352		178
Salto Veloso	4.301		179
Nova Erechim	4.275		180
Nova Itaberaba	4.267		181
Iraceminha	4.253		182
Arabutã	4.193		183
Xavantina	4.142		184
Pedras Grandes	4.107		185
Paraíso	4.080		186
Modelo	4.045		187
Jaborá	4.041		188
Saltinho	3.961		189
Cordilheira Alta	3.767		190

63

Dona Emma	3.721	191
Doutor Pedrinho	3.604	192
Witmarsum	3.600	193
Cerro Negro	3.581	194
Vargeão	3.532	195
Treviso	3.527	196
Arroio Trinta	3.502	197
Galvão	3.472	198
Braço do Trombudo	3.457	199
São João do Itaperiú	3.435	200
Calmon	3.387	201
Ibicaré	3.373	202
Leoberto Leal	3.365	203
Ponte Alta do Norte	3.303	204
Atalanta	3.300	205
Bocaina do Sul	3.290	206
Serra Alta	3.285	207
Major Gercino	3.279	208
Anitápolis	3.214	209
São Martinho	3.209	210
Pinheiro Preto	3.147	211
Entre Rios	3.018	212
São Bonifácio	3.008	213
Zortéa	2.991	214
Peritiba	2.988	215
União do Oeste	2.910	216
Bandeirante	2.906	217
Santa Terezinha do Progresso	2.896	218
Morro Grande	2.890	219
Brunópolis	2.850	220
Matos Costa	2.839	221
Vargem	2.808	222
Celso Ramos	2.771	223
Sul Brasil	2.766	224
Chapadão do Lageado	2.762	225
Princesa	2.758	226
Capão Alto	2.753	227
Novo Horizonte	2.750	228
Rancho Queimado	2.748	229

0 a 50 mil

3.1 ANÁLISE QUANTITATIVA

Iomerê	2.739		230
São Bernardino	2.677		231
Planalto Alegre	2.654		232
Abdon Batista	2.653		233
Belmonte	2.635		234
Formosa do Sul	2.601		235
Bom Jesus	2.526		236
Mirim Doce	2.513		237
Urupema	2.482		238
Frei Rogério	2.474		239
Coronel Martins	2.458		240
Rio Rufino	2.436		241
Águas Frias	2.424		242
Santa Helena	2.382		243
Palmeira	2.373		244
Painel	2.353		245
Presidente Nereu	2.284		246
Ouro Verde	2.271		247
Arvoredo	2.260		248
Marema	2.203		249
Lacerdópolis	2.199	0 a 50 mil	250
Jupiá	2.148		251
Bom Jesus do Oeste	2.132		252
Irati	2.096		253
Santa Rosa de Lima	2.065		254
Ermo	2.050		255
Alto Bela Vista	2.005		256
Ibiam	1.945		257
São Miguel da Boa Vista	1.904		258
Cunhataí	1.882		259
Barra Bonita	1.878		260
Macieira	1.826		261
Jardinópolis	1.766		262
Paial	1.763		263
Tigrinhos	1.757		264
Presidente Castello Branco	1.725		265
Flor do Sertão	1.588		266
Lajeado Grande	1.490		267
Santiago do Sul	1.465		268

65

Interpretando as tabelas acima se vê que as escalas podem ser simplificadas da seguinte forma: municípios de 0 a 50 mil habitantes, de 50 a 100 mil habitantes, de 100 a 150 mil habitantes, de 150 a 200 mil habitantes, e acima de 200 mil habitantes.

Se projetarmos a análise do custo real dos processos de LOAS em ambas as esferas (administrativa a judicial), encontrados no município de Itajaí, teremos os seguintes valores em relação ao custo deste procedimento no Estado de Santa Catarina:

VALORES REAIS COLETADOS - MUNICÍPIO DE ITAJAÍ - SC			VALOR UNITÁRIO
De 150 mil á 200 mil	134	R$ 101.084,24	R$ 754,36

Para encontrar o valor real do custo do processo no município de Itajaí, foi utilizado o valor total encontrado na esfera administrativa, e dividimos pelos 673 processos analisados, chegando ao valor unitário de R$ 86,49 (oitenta e seis reais e quarenta e nove centavos) na esfera administrativa, que multiplicado por 134 é igual a R$ 11.589,66 (Onze mil, quinhentos e oitenta e nove reais, e sessenta e seis centavos).

Na esfera judicial, foi utilizado o valor unitário encontrado, que multiplicado pelo número de processos, encontramos o valor total de R$ 89. 494,58 (Oitenta e nove mil, quatrocentos e noventa e quatro reais, e cinquenta e oito centavos), que somado ao valor de R$ 11.589,66 (Onze mil, quinhentos e oitenta e nove reais, e sessenta e seis centavos), chegamos ao valor total gasto na implementação desta política pública em 2010, no município de Itajaí de R$ 101.084,24 (Cento e um mil, oitenta e quatro reais, e vinte e quatro centavos).

Foi feita uma projeção do número de processos de Itajaí para os demais municípios do estado de SC, nas 5 escalas traçadas, gradativas em 25% (vinte e cinco por cento), teremos os seguintes resultados:

Obs: Apenas nos municípios acima de 200 mil habitantes foi utilizada escala de 80%, pois a media da população é mais que o dobro do município de Itajaí.

Nº de Habitantes	Nº de Processos	Nº de Municípios	Total de Processos
De 00 á 50 mil	33	268	8844
De 50 mil á 100 mil	67	15	1005
De 100 mil á 150 mil	100	4	400
De 150 mil á 200 mil	134	4	536
Acima de 200 mil	243	4	972
TOTAL			

Por fim, foi multiplicado o valor real unitário do processo encontrado no município de Itajaí/SC, pelo suposto número de processos que seriam ajuizados, o Estado teríamos gasto apenas com a implementação desta política pública no Estado de Santa Catarina o valor de R$ 8.869.010,52 (Oito milhões, oitocentos e sessenta e nove mil, dez reis, e cinquenta e dois centavos), conforme demonstra a tabela a seguir:

Nº de Habitantes	Total de Processos	Custo Processual/Anual
De 00 á 50 mil	8844	R$ 6.671.559,84
De 50 mil á 100 mil	1005	R$ 758.131,80
De 100 mil á 150 mil	400	R$ 301.744,00
De 150 mil á 200 mil	536	R$ 404.336,96
Acima de 200 mil	972	R$ 733.237,92
TOTAL		R$ 8.869.010,52

Ainda que grosseiramente, foi multiplicado o valor encontrado no Estado de Santa Catarina pelos 26 estados, e mais o Distrito Federal que compõem o nosso país, e chegou-se ao valor de R$ 239.463.284,04 (Duzentos e trinta e nove milhões, quatrocentos e sessenta e três mil, duzentos e oitenta e quatro reais, e quatro centavos), valor este que, atualmente daria para custear 353.190 (Trezentos e cinquenta e mil, cento e noventa) benefícios.

Isto posto não restam dúvidas que a política púbica da LOAS além de não estar atingindo o objetivo traçado pela Constituição da República, qual seja, prestar assistência social aos necessitados, demanda um custo altíssimo de implementação ao Estado.

3.2 Análise Qualitativa

Para melhor visualização do desperdício de dinheiro público, bem como na disparidade de análise que é feita no momento da concessão do beneficio assistencial, na esfera administrativa (INSS) e na judicial (Justiça Federal), foram selecionados alguns processos que tramitaram no Juizado Especial Previdenciário da Circunscrição Judiciária de Itajaí/SC.

Importante salientar que, referidos processos não tramitam em segredo de justiça, e abordaram as duas (02) possibilidades de concessão do Beneficio assistencial, quais sejam: por idade (acima de 65 anos), e por incapacidade (pessoas de qualquer idade – crianças e adultos). Vejamos individualmente os casos abaixo:

1) Processo nº 5008061-94.2012.404.7208:
O autor era o menor (oito anos de idade) Guilherme da Silva Leite, representado por seu genitor Sr. Evaldo Leite. Neste caso o Benefício Assistencial por incapacidade foi requerido no INSS em 17/04/2012, e foi indeferido com a seguinte redação: "Em atenção ao seu pedido de Beneficio de Prestação Continuada da Assistência Social a Pessoa com Deficiência, apresentado no dia 17/04/2012, informamos que não foi reconhecido o direito ao beneficio, tendo em vista que não há enquadramento no § 3º do Art. 20, da Lei 8.742/93, considerada a renda per capta do grupo familiar igual ou superior a 1/4 do salário mínimo".

Diante da referida negativa em 31/08/2012 o autor através de advogado constituído ajuizou Ação Previdenciária buscando o benefício judicialmente. Assim o MM. Juiz em 10/09/2012, nomeou a Assistente Social Joice Gracila de Oliveira que após visita residencial redigiu o Laudo do Estudo Sócio Econômico, que retratou um gritante estado de miserabilidade da família composta por 5 pessoas (pai, mãe e três filhos menores, sendo 2 deficientes). A única renda do grupo familiar era advinda de um Beneficio Assistencial recebido pelo outro irmão do autor que era menor e também deficiente. Diante deste quadro de extremo risco social, logo, em seguida ao Estudo Socioeconômico, a procuradora do INSS veio aos autos e fez proposta de acordo para Concessão do Beneficio Assistencial, desde o seu indeferimento, com pagamento de 90% dos valores em atraso.

Do relato deste caso vê-se que, se houve proposta de acordo por parte do próprio INSS no processo judicial, logo após o Laudo do Estudo Socioeconômico, feito por Assistente Social nomeada e custeada pelo juízo. Porque não houve concessão diretamente na esfera administrativa, se naquela esfera também há entrevista com outra Assistente Social?

Em uma breve análise econômica da busca do reconhecimento deste direito, vê-se que se utilizou funcionário, assistente social e médico na esfera administrativa para ao final negar o benefício, e posteriormente utilizou-se toda máquina do judiciário e novamente funcionário, assistente social e juiz para que somente nesta esfera, o mesmo INSS que antes negou o benefício, agora proponha acordo para concedê-lo.

2) Processo nº 5008059-27.2012.404.7208:

A autora é a menor Suzelen Eliane Ricobom (17 anos de idade), representada por sua genitora Eliane Dilsa Cordeiro. A autora requereu o Beneficio Assistencial por Incapacidade no INSS 12/06/2012 que foi indeferido com a seguinte justificativa: "Em atenção ao requerimento de Benefício de Prestação Continuada da Assistência Social á Pessoa com Deficiência, efetuado em 12/06/2012, a Previdência Social comunica que, embora tenha sido constatada incapacidade para a vida independente e para o trabalho, não foi reconhecido o direito ao benefício, em razão da renda bruta familiar, dividida pelos seus integrantes, ser igual ou superior a ¼ (um quarto) do salário mínimo vigente na data do requerimento".

Diante da referida negativa em 31/08/2012 a autora através de advogado constituído ajuizou Ação Previdenciária buscando judicialmente o mesmo benefício. Assim o MM. Juiz em 01/10/2012, nomeou a Assistente Social Joice Gracila de Oliveira que após visita residencial redigiu o Laudo do Estudo Sócio Econômico, que retratou um estado de miserabilidade da família que era composta pelo pai, a mãe e a menor, sendo que apenas o pai trabalhava como pedreiro autônomo, com rendimentos variáveis, em média de R$ 900,00 (Novecentos reais) mensais, sendo que R$ 300,00 (Trezentos reais), é o valor do aluguel da casa onde moram.

Neste caso, mesmo a esfera administrativa já tendo afirmado e reconhecido a incapacidade da autora, e mesmo que em 19/04/12 já havia sido decretada a interdição provisória da menor na Justiça Estadual, e posteriormente em 21/02/2013 (após dispensada a perícia médica) a Interdição definitiva, a menor teve que passar novamente por perícia médica na Justiça Federal em 25/03/2013 para ter comprovada sua incapacidade total e permanente para os atos da vida civil.

Após o processo foi concluso para sentença, e o MM. Juiz a quo julgou procedente o pedido concedendo o benefício para a autora, por entender que: "Na Reclamação 4374, o STF declarou inconstitucional o § 3º do Art. 20 da Lei 8.742/1993 (Lei Orgânica de Assistência Social), por considerar que este critério esta defasado para caracterizar a situação de miserabilidade. O Juiz pode aferir tal situação levando em consideração critérios subjetivos, caso a caso, analisando as condições de vida do requerente".

Após esta decisão em 17/06/2013 o INSS interpôs Recurso Inominado á Turma de Reursos, o qual foi julgado parcialmente procedente apenas no sentido de determinar que após a data de 30/06/2009 deve-se aplicar exclusivamente o critério de correção previsto no artigo 5º da Lei

11.960/2009, mas, a autora está recebendo o benefício, pois na sentença de primeiro grau foi concedida Tutela Antecipada.

Em uma breve análise econômica da busca do reconhecimento deste direito, vê-se que se utilizou funcionário, assistente social e médico na esfera administrativa para ao final negar o benefício, e posteriormente utilizou-se toda máquina do judiciário federal e novamente funcionário, assistente social, médico, juiz, procurador federal e Turma de Recursos.

Neste caso em particular utilizou-se também o Judiciário Estadual para Interditar a menor, ou seja, a sua incapacidade total e permanente para os atos da vida civil já havia sido reconhecida por sentença judicial no processo de Interdição (Justiça Estadual), administrativamente no INSS, e a autora teve novamente que passar por perícia médica na justiça Federal, caracterizando um verdadeiro desperdício de dinheiro público.

3) Processo nº 5007863-57.2012.404.7208:

O autor Lucas Andrade da Rosa é menor (9 anos de idade), representado por sua genitora Sra. Andréia Monteiro de Andrade, e requereu o Beneficio Assistencial por incapacidade no INSS 11/04/2011 que foi indeferido com a seguinte justificativa: "Em atenção ao requerimento de Beneficio de Prestação Continuada da Assistência Social á Pessoa com Deficiência, efetuado em 11/042011, a Previdência Social comunica que, embora tenha sido constatada incapacidade para a vida independente e para o trabalho, não foi reconhecido o direito ao beneficio, em razão da renda bruta familiar, dividida pelos seus integrantes, ser igual ou superior a ¼ (um quarto) do salário mínimo vigente na data do requerimento".

Diante da referida negativa em 28/08/2012 o autor através de advogado constituído ajuizou Ação Previdenciária buscando judicialmente o mesmo beneficio. Assim o MM. Juiz em 10/09/2012, nomeou a Assistente Social Quélli Flach Anschau que após visita residencial redigiu o Laudo do Estudo Sócio Econômico, que retratou um estado de risco social da família que era composta pela mãe e o menor, sendo que a mãe trabalha na informalidade devido a total dependência do filho, percebendo um rendimento variável de aproximadamente R$ 200,00 (Duzentos reais), mensais, e o menor recebe Pensão Alimentícia no valor e R$ 430,00 (Quatrocentos e trinta reais), sendo que R$ 500,00 (Quinhentos reais), é o valor do aluguel da casa onde moram.

Logo após foi designada perícia médica que atestou a incapacidade total e permanente do menor Lucas para os atos da vida civil e o processo foi pra Sentença. O MM. Juiz a quo indeferiu o benefício sustentando que: "Conforme o estudo social (evento 26) o autor reside com sua mãe, recebe pensão alimentícia no valor de R$ 430,00. A mãe recebe R$ 200,00 decorrentes de trabalho informal. Por isso não há preenchimento do requisito econômico, porquanto a renda per capta familiar ultrapassa o teto de ¼ do salário – mínimo, não havendo outros elementos que caracterizem situação de risco social".

Inconformada com a sentença proferida pelo MM. Juiz a quo, o autor em 20/02/2013 interpôs Recurso Inominado á Junta de Recursos, sustentando em tese a caracterização do risco social e do Estado de Miserabilidade da família, bem como que a renda advinda de atividade informal, e variável da genitora do recorrente deveria ser desconsiderada.

A Juíza Relatora do Recurso julgou Procedente o Recurso interposto, concedendo ao autor o Beneficio Assistencial por incapacidade sustentando que: "Entendo desta forma que, a renda percebida pela mãe do autor não pode ser considerada para o cálculo da renda per capta familiar, pois conforme constou no estudo sócio-econômico, ela advém de serviços prestados esporadicamente. Portanto, dado o seu caráter eventual, resta inviabilizada a sua consideração. Assim sendo, o contexto da prova não deixa a mínima dúvida de que as despesas da família superam a renda obtida pelo grupo, fato que somado á impossibilidade da genitora exercer atividade laboral em virtude das necessidades do autor, justifica o amparo público pretendido". Desta decisão o INSS não interpôs recurso.

Em uma breve análise econômica da busca do reconhecimento deste direito, vê-se que se utilizou funcionário, assistente social e médico na esfera administrativa para ao final negar o beneficio, e posteriormente utilizou-se toda máquina do judiciário federal e novamente funcionário, assistente social, médico, juiz, procurador e Turma de recursos.

Importante salientar que, neste caso novamente não havia necessidade de realização de outra perícia na esfera judicial, pois a incapacidade total e permanente do autor já havia sido reconhecida na esfera administrativa.

4) Processo nº 5001234-33.2013.404.7208:

A autora Paulina Telles da Cruz tem 34 anos de idade e requereu o Beneficio Assistencial por Incapacidade no INSS em 05/11/2012 o qual foi indeferido com a seguinte justificativa: "Em atenção ao seu pedido de Benefício de Prestação Continuada da Assistência Social á Pessoa com Deficiência, efetuado em 05/11/2012, informamos que após a análise da documentação apresentada, não foi reconhecido o direito ao benefício pleiteado, tendo em vista não se tratar de deficiência que implique impedimentos de longo prazo (igual ou superior a 2 anos)".

Diante da referida negativa em 21/02/2013, a autora através de advogado constituído ajuizou Ação Previdenciária buscando judicialmente o mesmo benefício. Assim o MM. Juiz em 11/03/2013, nomeou Assistente Social Joice Gracila de Oliveira que após visita residencial redigiu o Laudo do Estudo Sócio Econômico, que retratou um gritante estado de miserabilidade da família que era composta pela autora, seu esposo, e dois filhos menores, sendo que apenas o esposo da autora trabalhava percebendo o valor de R$ 787,86 (Setecentos e oitenta e sete reais, e oitenta e seis centavos).

Logo após foi designada perícia médica que atestou a incapacidade total e permanente da autora em razão de Doença cardíaca grave, e o processo foi concluso pra Sentença. O MM. Juiz a quo deferiu o benefício sustentando que: "Na Reclamação 4374, o STF declarou inconstitucional o § 3º do Art. 20 da Lei 8.742/1993 (Lei Orgânica de Assistência Social), por considerar que este critério esta defasado para caracterizar a situação de miserabilidade. O Juiz pode aferir tal situação levando em consideração critérios subjetivos, caso a caso analisando as condições de vida do requerente. (...) Ainda, conforme estudo social, os critérios subjetivos confirmam que a família vivência situação de indisponibilidade econômica, porquanto a casa em que residem, apesar de própria, encontra-se em péssimo estado de conservação (conforme demonstram as imagens anexadas ao laudo), é de madeira, com parcos e antigos móveis, sendo que estes estão em péssimo estado de conservação, além do fato da assistente social considerar que a situação é extremamente precária, ressaltando-se, ainda, que a residência possui cerca de 25 m2 ". Após esta decisão não houve recurso por parte do INSS.

Importante destacar a discrepância existente entre as perícias médicas realizadas na autora. A realizada na esfera administrativa não constatou deficiência que implique impedimentos de longo prazo (igual ou superior a 2 anos), já a realizada na esfera judicial considerou a mesma total e permanentemente incapacitada para o trabalho.

Novamente se fizermos uma breve análise econômica da busca do reconhecimento deste direito, vê-se que se utilizou funcionário, assistente social e médico na esfera administrativa para ao final negar o benefício, e posteriormente utilizou-se toda máquina do judiciário federal e novamente funcionário, assistente social, médico, procurador e juiz.

5) Processo nº 5009853-83.2012.404.7208:

A autora Dorvalina Soares Zacarias tem 63 anos de idade e requereu o Benefício Assistencial por Incapacidade no INSS em 06/08/2012 o qual foi indeferido com a seguinte justificativa: "Em atenção ao requerimento de Beneficio de Prestação Continuada da Assistência Social á Pessoa com Deficiência, apresentado no dia 06/08/2012, informamos que não foi reconhecido o direito ao beneficio tendo em vista que não há enquadramento no § 3º do Art. 20 da Lei 8.742/93, considerada a renda per capta do grupo familiar igual ou superior a ¼ do salário mínimo".

Diante da referida negativa em 31/10/2012 a autora através de advogado constituído ajuizou Ação Previdenciária buscando judicialmente o mesmo benefício. Assim o MM. Juiz em 26/11/2012, nomeou Assistente Social Joice Gracila de Oliveira que após visita residencial redigiu o Laudo do Estudo Sócio Econômico, que retratou o estado de miserabilidade da família, que era composta pela autora, seu esposo, e uma neta menor (15 anos de idade), sendo que apenas o esposo da autora trabalha percebendo o valor de R$ 742, 62 (Setecentos e quarenta e dois reais, e sessenta e dois centavos).

Logo após foi designada perícia médica que atestou a incapacidade total e permanente da autora em razão de sequelas de Acidente Vascular Cerebral, e o processo foi pra Sentença. O MM. Juiz a quo deferiu o beneficio sustentando que: "Na Reclamação 4374, o STF declarou inconstitucional o § 3º do Art. 20 da Lei 8.742/1993 (Lei Orgânica de Assistência Social), por considerar que este critério esta defasado para caracterizar a situação de miserabilidade. O Juiz pode aferir tal situação levando em consideração critérios subjetivos, caso a caso analisando as condições de vida do requerente. (...) Ainda, conforme estudo social, os critérios subjetivos confirmam que a família vivencia situação de indisponibilidade econômica, porquanto a casa em que residem, apesar de própria, encontra-se em péssimo estado de conservação (conforme demonstram as imagens anexadas ao laudo), com parcos e antigos móveis, sendo que estes estão em péssimo estado de conservação, além do fato da assistente social considerar de maior valor o fogão e a geladeira, extremamente antigos, ressaltando-se que a família não possui nenhum aparelho eletrônico". Após esta decisão não houve interposição de recurso por parte do INSS.

Novamente foi feita uma breve análise econômica da busca do reconhecimento deste direito, vê-se que se utilizou funcionário, assistente social e médico na esfera administrativa para ao final negar o benefício, e posteriormente utilizou-se toda máquina do judiciário federal e novamente funcionário, assistente social, médico, procurador e juiz.

6) Processo nº 5004744-88.2012.404.7208:

A autora Maria Galdino Alves Ferreira, tem 55 anos de idade quando requereu o Benefício Assistencial por Incapacidade no INSS em 19/10/2011 o qual foi indeferido com a seguinte justificativa: "Em atenção ao requerimento de Beneficio de Prestação Continuada da Assistência Social á Pessoa com Deficiência, apresentado no dia 06/08/2012, informamos que não foi reconhecido o direito ao beneficio tendo em vista que não ficou constatada incapacidade para os atos da vida civil e para o trabalho e não há enquadramento no § 3º do Art. 20 da Lei 8.742/93, considerada a renda per capta do grupo familiar igual ou superior a ¼ do salário mínimo".

Diante da referida negativa em 23/04/2012 a autora através de advogado constituído ajuizou Ação Previdenciária buscando judicialmente o mesmo benefício. Assim o MM. Juiz em 2304/2012, nomeou Assistente Social Joice Gracila de Oliveira que após visita residencial redigiu o Laudo do Estudo Sócio Econômico, que retratou um estado de risco social da família que era composta pela autora, e sua mãe, sendo que esta é pessoa idosa (86 anos de idade), recebe uma pensão por morte no valor mínimo de R$ 622,00 (Seiscentos e vinte e dois reais), e a casa onde ambas moram é cedida por outra irmã.

Logo após foi designada perícia médica que atestou a incapacidade total e permanente da autora em razão de Retardo Metal, e o processo foi pra Sentença. O MM. Juiz a quo deferiu o beneficio sustentando que: *"Embora o STF já tenha se posicionado pela constitucionalidade do critério de ¼ do valor do salário mínimo, decisões posteriores daquela Corte são no sentido de que o estado de miserabilidade também pode ser aferido por outros meios. Conforme o estudo social, a autora reside com a mãe em uma casa cedida pela irmã. A única fonte de renda é o benefício previdenciário percebido pela mãe, no valor de R$ 622,00. O benefício concedido à mãe, no valor mínimo, não deve ser considerado na apuração da renda per capta, tendo em vista a aplicação analógica do artigo 34 do Estatuto do Idoso. Esta é a orientação das Turmas Recursais de Santa Catarina dada através do verbete da Súmula nº. 20, verbis: "O benefício previdenciário de valor mínimo percebido por idoso é excluído da composição da renda familiar, apurada para o fim de concessão de benefício assistencial". Além disso, a análise pelos critérios subjetivos confirma a indisponibilidade econômica. Vale ressaltar, nesse* norte, a casa da família encontra-se em péssimo estado de conservação. Além disso, a idade avançada da mãe (86 anos) e a doença da autora geram várias despesas com medicamentos. A postulante, assim, vivencia situação de risco social, restando preenchido o requisito econômico. Há, portanto, direito ao benefício assistencial".

Desta decisão o INSS em 04/09/2012 interpôs Recurso Inominado a Turma de Recursos sustentando em síntese que a renda da Irmã e da mãe da autora devem se incluídas no cômputo do grupo familiar, motivo pelo qual a decisão deveria ser afastada pelo extravasamento do limite de renda presente no art. 20, §1º, da Lei n. Lei n. 8.742/93.

Em 19/07/2013 a Tuma de Recursos manteve a sentença sustentando sua decisão da seguinte forma: *"O recorrente sustenta que o fato da irmã ceder parte da casa para a autora e a mãe morarem não as excluem do grupo familiar ampliado, pois, na verdade, residem todos sob o mesmo teto. Alega, ainda, que a desconsideração dos rendimentos da genitora para formação da renda do grupo familiar da autora, fere a orientação do STJ. Da perícia sócio-econômica destaco as seguintes conclusões: '(...) O imóvel em que o (a) autor (a) reside é próprio, de sua família ou alugado?O imóvel pertence a filha Maria Aparecida Galdino Diogo, se cedeu uma peça aos fundos para a mãe e autora residir.Resta claro, portanto, que não havia integração entre as duas residências e nem convivência entre os componentes dos dois grupos familiares. Em relação à renda da genitora da autora o entendimento desta Turma Recursal segue o posicionamento firmado pela Turma Regional de Uniformização do TRF4 que decidiu, na sessão ordinária do dia 13/02/2009, por excluir qualquer benefício de valor mínimo - tanto recebido por idoso como por deficiente - do cálculo a que se refere a LOAS para aferição da renda familiar per capita (interpretação do art. 34 do Estatuto do Idoso). Assim, o benefício deferido deve ser mantido".*

Desta decisão o INSS em 30/07/2013 já interpôs Embargos de Declaração com o intuito de pré questionar a matéria, e posteriormente em 14/10/201, interpôs Recurso Extraordinário que ficará sobrestada aguardando decisão do STF. Importante destacar que, durante todo o tramite do processo a autora esta recebendo em razão da Antecipação dos efeitos da Tutela Antecipada e ficara recebendo ate decisão da instância superior.

Novamente foi feita uma breve análise econômica da busca do reconhecimento deste direito, vê-se que se utilizou funcionário, assistente social e médico na esfera administrativa para ao final negar o benefício, e posteriormente utilizou-se toda máquina do judiciário federal e novamente funcionário, assistente social, médico, procurador, juiz, turma de recursos para deferir o mesmo benefício.

Neste caso o processo chegará até o Supremo Tribunal Federal, e lá ficará parado por longo período, até entrar em pauta de julgamento, como já há milhares de outros processos versando sobre a mesma matéria, o que gera um custo inestimável aos cofres públicos, em razão da morosidade.

7) Processo nº 5005457-63.2012.404.7208:

A autora Zilma de Borba tinha 65 anos de idade quando requereu o Benefício Assistencial ao Idoso no INSS em 24/05/2012 o qual foi indeferido com a seguinte justificativa: "Em atenção ao requerimento de Benefício de Prestação Continuada da Assistência Social ao Idoso, apresentado no dia 10/07/2010, informamos que a renda per capta do grupo familiar é igual ou superior a ¼ do salário mínimo coforme previsto no § 3º do Art. 20 da Lei 8.742/93".

Diante da referida negativa em 14/06/2012 a autora através de advogado constituído ajuizou Ação Previdenciária buscando judicialmente o mesmo benefício. Assim o MM. Juiz em 11/01/2011, nomeou Assistente Social Nara Rosa Soares de Souza que após visita residencial redigiu o Laudo do Estudo Sócio Econômico, que retratou o estado de miserabilidade da família que era composta pela autora, seu esposo, sendo que apenas o esposo da autora percebe renda, no valor mínimo (R$ 622,00 na época) proveniente de outro Benefício Assistencial, vez que é pessoa idosa.

Em continuidade o processo foi concluso pra Sentença tendo o MM. Juiz a quo, deferido o benefício, sob o seguinte argumento: *"Embora o STF já tenha se posicionado pela constitucionalidade do critério de ¼ do valor do salário mínimo, recentes decisões daquela Corte são no sentido de que o estado de miserabilidade também pode ser aferido por outros meios. Segundo laudo socioeconômico (**Evento 17**), a autora reside juntamente com seu marido. O cônjuge recebe aposentadoria no valor mínimo, decorrente de benefício assistencial (NB 88/131.376.735-0). Todavia, o benefício concedido ao cônjuge, em valor mínimo, não pode ser considerado na apuração da renda per capta, tendo em vista a aplicação analógica do artigo 34 do Estatuto do idoso. Esta é a orientação das Turmas Recursais de Santa Catarina dada através do verbete da Súmula nº 20, verbis: 'O benefício previdenciário de valor mínimo percebido por idoso é excluído da composição da renda familiar, apurada para o fim de concessão de benefício assistencial.' Além disso, a residência é pequena e* simples, e o casal não possui nenhum tipo de auto-locomoção, além de ter as despesas com medicamentos custeados pelo SUS, conforme laudo do *Evento 17* e complementação do *Evento 30*".

Desta decisão o INSS não interpôs recurso.

Em uma breve análise econômica da busca do reconhecimento deste direito, vê-se que a utilização das duas esferas administrativa (INSS) e judicial (Justiça Federal), significa um grande e absurdo desperdício de dinheiro público, vez que a questão discutida nos presentes autos já é matéria sumulada (Súmula nº 20, *verbis: 'O benefício previdenciário de valor mínimo percebido por idoso é excluído da composição da renda familiar, apurada para o fim de concessão de benefício assistencial)*, ou seja, não havia óbice algum para a concessão na esfera administrativa, tanto é que o INSS sequer recorreu de tal decisão.

8) Processo nº 5007403-70.2012.404.7208:

A autora Alda Baldesari tinha 87 anos de idade quando em 29/06/2012 requereu o Benefício Assistencial ao Idoso no INSS o qual foi indeferido com a seguinte justificativa: "Em atenção ao requerimento de Benefício de Prestação Continuada da Assistência Social á Pessoa Idosa, apresentado no dia 29/06/2012, informamos que a renda do grupo familiar e igual ou superior a ¼ do salário mínimo, não sendo possível o enquadramento no § 3º do Art. 20 da Lei 8.742/93".

Diante da referida negativa em 15/08/2012 a autora através de advogado constituído ajuizou Ação Previdenciária buscando judicialmente o mesmo benefício. Assim o MM. Juiz em 27/08/2013, nomeou a Assistente Social Quéli Flach Anschau que após visita residencial redigiu o Laudo do Estudo Sócio Econômico, que retratou um gritante estado de risco social da família que era composta pela autora, seu esposo (já idoso e aposentado pelo valor mínimo), e um outro grupo familiar formado por um filho e seu companheiro, com rendas de R$ 1.000,00 (Mil reais) e R$ 800,00 (Oitocentos reais) cada um respectivamente.

Como neste caso não se faz necessário a realização de perícia médica, os autos foram conclusos pra sentença tendo o MM. Juiz a quo indeferido o pedido de concessão do Benefício Assistencial ao Idoso sustentando o seguinte: *"Conforme explicita o laudo socioeconômico (Evento 19), coabitam a requerente, seu marido e seu filho, ressaltando-se, que, conforme peticionamento da parte autora (Evento 32), o Sr. Paulo Cabral (suposto genro da autora), não reside mais com a família. Logo, não estando o filho da autora casado nem em união estável, deve este ser incluído no grupo familiar da requerente (conforme art. 20, §*

1º, Lei 8.742/93). Pois bem, o marido da autora é aposentado e recebe uma quantia no valor de R$ 622,00 (seiscentos e vinte e dois reais) mensais e seu filho verte contribuições no valor de R$ 1.000,00 (mil reais mensais). Assim, tendo em vista que seu marido possui uma renda fixada no valor mínimo, bem como é maior de 65 anos, sua renda não deve ser computada para fins do cálculo da renda familiar per capta do LOAS. (art.34, Lei 10.741/2003), somente devendo ser computada a renda do filho da requerente. Por isso, a renda per capta do grupo familiar ultrapassa em muito o teto de ¼ do salário-mínimo".

Inconformada com a decisão a autora interpôs recurso á Junta de Recursos em 14/02/13 sustentando que o filho já é maior, e a qualquer momento pode constituir família e abandonar a casa dos pais como já tentou fazer com um companheiro e não deu certo (conforme consta no laudo pericial). Ainda, o filho só mora com os pais, pois a renda dos mesmos é insuficiente para mantê-los, motivo pelo qual, a autora faz jus ao benefício.

O Juiz relator do recurso deferiu o Benefício Assistencial, sustentando o seguinte: *"Em análise ao requisito econômico, observo que o relatório de inspeção dos meios de vida da parte-autora aponta que o núcleo familiar é composto por 02 pessoas: a autora e seu marido. O filho não pode ser considerado como membro do núcleo familiar, pois constituiu nova família. A renda mensal é de um salário mínimo decorrente de benefício previdenciário recebido pelo marido da autora, que não poderá ser considerado para o cálculo da renda familiar per capta. De acordo com o entendimento desta Turma, o **benefício** previdenciário de valor mínimo percebido por idoso, ou outro **benefício** assistencial é excluído da composição da renda familiar, apurada para o fim de concessão de **benefício** assistencial (Súmula 20 das Turmas Recursais de Santa Catarina e Precedentes da Turma Regional de Uniformização). Portanto, a renda familiar é inferior a ¼ do salário mínimo. No atual patamar de desenvolvimento social e econômico, a proteção assistencial as pessoas expostas às situações de risco social extremo, deve ser concedida quando a parte autora é idosa ou quando não tenha as mínimas condições físicas e sociais de prover o seu próprio sustento considerando a sua incapacidade laboral e para a vida independente. Desta forma, para a concessão do benefício assistencial deve-se fazer uma composição dos requisitos objetivos, elencados pela Lei 8.742/93, juntamente com os requisitos SUBJETIVOS, levando em consideração cada situação específica. O contexto da prova não deixa* a mínima dúvida acerca da frágil situação que se encontra a parte-autora e da efetiva e inegável necessidade de amparo estatal. Além da idade avançada, o levantamento fotográfico evidencia a situação de miserabilidade vivenciada pela parte-autora. Por tudo o que foi exposto, concluo que o contexto extremo de fragilidade social justifica o amparo público pretendido. Sendo devido o benefício assistencial requerido".

Desta decisão, o INSS em 13/09/2013, interpôs Recurso Extraordinário ao Supremo Tribunal Federal, que ficará sobrestado aguardando decisão da instancia superior. Importante salientar que em razão da Tutela Antecipada deferida em segundo grau a autora esta recebendo e continuará recebendo até decisão da instancia superior.

Se fizermos uma breve análise econômica da busca do reconhecimento deste direito, vê-se que se utilizou funcionário e assistente social na esfera administrativa, funcionário, novamente assistente social, Juiz, procurador e também Turma Recursal na esfera judicial, para conceder um benefício no valor de um salário mínimo (R$ 678.00), a uma pessoa idosa que já conta com 87 anos de idade.

9) Processo n° 5005075.2011.404.7208:

A autora Marina Leal Constantino tinha 68 anos de idade quando em 21/10/2010 requereu o Benefício Assistencial ao Idoso no INSS o qual foi indeferido com a seguinte justificativa: "Em atenção ao requerimento de Beneficio de Prestação Continuada da Assistência Social á Pessoa Idosa, apresentado no dia 21/10/2010, informamos que a renda do grupo familiar é igual ou superior a ¼ do salário mínimo, não sendo possível o enquadramento no § 3º do Art. 20 da Lei 8.742/93".

Diante da referida negativa em 22/10/2010 a autora através de advogado constituído ajuizou Ação Previdenciária buscando judicialmente o mesmo beneficio. Assim o MM. Juiz em 25/01/2011, nomeou a Assistente Social Nara Rosa Soares de Souza que após visita residencial redigiu o Laudo do Estudo Sócio Econômico, retratando a realidade social precária da família que era composta pela autora, seu esposo (já idoso e aposentado pelo valor mínimo), uma filha já maior e um neto, sendo que a autora recebia ajuda financeira de sua outra filha para a compra e seus medicamentos.

Como neste caso não se faz necessário a realização de perícia médica, os autos foram conclusos pra sentença tendo o MM. Juiz a quo indeferido o pedido de concessão do Beneficio Assistencial ao Idoso sustentando o seguinte: *"No caso em tela, embora o valor auferido pelo esposo da parte-autora a título de aposentadoria por invalidez, não seja* superior ao salário mínimo, consoante ao que dos autos consta (condições de moradia, prestação de assistência com medicamentos, transporte etc.) conclui-se pela inexistência de hipossuficiência econômica da parte-autora. È que além das condições de moradia não serem ruins, é possível se averiguar que a família da parte-autora tem condições de prestar a assistência necessária e suficiente à mãe, ora requerente. Embora tal decisão não faça coisa julgada, serve para demonstrar que a situação socioeconômica na ocasião apresentada pela família [em 2009] se manteve inalterada. É o que depreende do novo estudo social realizado em 04/2011 (evento 15). Ou seja, embora possível afastar a renda do marido, no valor mínimo legal, observa-se que as condições de moradia são boas, que o casal possui automóvel para se locomover e, principalmente, que há apoio familiar, inclusive na aquisição dos medicamentos necessários. Não é caso, pois, de vulnerabilidade social".

Inconformada com a decisão a autora interpôs recurso á Junta de Recursos em 13/07/2011 sustentando que a casa e o carro utilizado pela autora e seu marido pertencem à filha do casal (são cedidos), pois a mesma tem família constituída, bem como que gastam em torno de R$ 280,00 com medicamentos, os quais devem ser abatidos no cálculo da renda per capita, ainda, a filha que reside com o casal e o neto formam outro grupo familiar.

Em 07/03/2012 a Turma de Recursos ao proferir decisão Julgou Procedente o recurso concedendo o Benefício Assistencial á recorrente, fundamentando a decisão da seguinte forma: *"Com efeito, com base no que dispõe o parágrafo único do artigo 34 da Lei nº 10.741, de 2003 - Estatuto do Idoso, a jurisprudência federal, por analogia, afasta do cômputo da renda familiar per capita qualquer benefício de valor mínimo, previdenciário ou assistencial, percebido por qualquer membro idoso ou deficiente do grupo familiar, para a concessão de benefício assistencial a requerente idoso ou deficiente. Admite-se, assim, a exclusão de qualquer benefício assistencial percebido por integrantes idosos ou deficientes do grupo familiar, seja o requerente idoso ou deficiente. Também se admite a exclusão de benefício previdenciário de valor mínimo, percebido por idoso ou deficiente integrante do grupo familiar, seja o requerente idoso ou deficiente. Em relação à exclusão do benefício previdenciário percebido por idoso integrante do grupo familiar, há súmula das Turmas Recursais Reunidas de Santa Catarina:Súmula n. 20. O benefício previdenciário de valor mínimo percebido por idoso é excluído da composição da renda familiar,* apurada para o fim de concessão de benefício assistencial. Com efeito, não se afigura razoável, e acima de tudo isonômico, que aquele que, com dificuldade e privação, contribuiu durante a vida para o RGPS tenha o seu benefício previdenciário de valor mínimo incluído no cálculo da renda familiar, ao passo em que, o que nada verteu para o sistema previdenciário, tem excluído o benefício assistencial que percebe.Por outro lado, cabe referir que o Supremo Tribunal Federal vem entendendo, sistematicamente, que o requisito da renda per capita inferior a ¼ do salário mínimo é de natureza objetiva e que qualquer fundamentação que o afaste é uma afronta direta à decisão proferida na ADI 1.232 (Reclamações STF nºs 2.303, 2.733, 2.298, 2.323, 3.244. 3.191, 3.153, 4.048 e 4.162).No caso concreto, excluída a renda do marido da autora, também idoso e que percebe aposentadoria por invalidez no valor mínimo, resta objetivamente cumprida a exigência de renda familiar per capita inferior a ¼ do salário mínimo, de modo a incidir a presunção absoluta de miserabilidade e gerar o direito ao benefício assistencial. Como referido acima, de acordo com precedente da TRU4R, atendido o requisito objetivo fixado na lei, não pode haver avaliação das condições concretas para o indeferimento do benefício".

Desta decisão o INSS em 16/10/2012 interpôs Recurso Extraordinário tendo o Presidente da 2ª Turma Recursal em 27/02/2013 proferido a seguinte decisão: *"Trata-se de recurso extraordinário interposto contra acórdão que julgou procedente pedido de concessão de benefício assistencial, condenando o INSS a conceder o benefício previsto no artigo 203, V, da Constituição Federal, na forma disciplinada no artigo 20 da lei 8.742/93. O recurso é tempestivo e a matéria debatida nestes autos já foi submetida à análise da repercussão geral perante o Supremo Tribunal Federal, no **RE nº. 580.963/PR**, nos seguintes termos: Recurso extraordinário. Benefício assistencial ao idoso (art. 203, V, da Constituição Federal). Discussão sobre critério utilizado para aferir a renda mensal per capita da família da requerente.* **Alegação de inconstitucionalidade de interpretação extensiva ao art. 34, parágrafo único, da Lei n. 10.741/2003.** *Tema que alcança relevância econômica, política, social e jurídica e que ultrapassa os interesses subjetivos da causa. Repercussão geral reconhecida. Isto posto, em observância ao contido nos artigos 14 e 15 da Lei 10.259/01, determino que o recurso extraordinário interposto fique retido nos próprios autos, até que o Supremo Tribunal Federal se pronuncie sobre a matéria, permanecendo suspenso o curso do processo".*

81

Até a presente data o processo aguarda julgamento e a autora não recebe benefício, pois não foi concedida Tutela Antecipada. Se fizermos uma breve análise econômica da busca do reconhecimento deste direito, vê-se que se utilizou funcionário e assistente social na esfera administrativa, funcionário, novamente assistente social, Juiz, procurador, Turma Recursal e aguarda julgamento pelos ministros do Supremo Tribunal Federal, sendo que atualmente a autora já conta com 72 anos de idade.

Referidos julgados foram selecionados aleatoriamente, com o intuito de demonstrar a discrepância, e até mesmo contrariedade de análise feitas em ambas as esferas é gritante, e tem ligação direta com o desperdício de dinheiro público, o qual poderia ser empregado, no custeio de outras políticas públicas, ou até mesmo no próprio custeio do BPC, se sua implementação ocorresse de forma mais consciente e eficaz.

3.3 Entrevista Semi Estruturada

O roteiro de entrevista semiestruturada, foi elaborado à luz da fundamentação teórica, enfatizando os principais tópicos abordados no decorrer do trabalho e conta com 07 (sete) perguntas abertas, sedo segmentado para cada tipo de ator, quais sejam: os juízes federais e funcionários do INSS.

DESTINATÁRIOS	VARIÁVEL	QUESTIONÁRIO
Juízes Federais	Critérios de Julgamento	Nome: Formação profissional/escolaridade: Tempo na Função:
		Na concessão do benefício assistencial, tem sido aplicado o critério econômico da letra da lei (1/4 do salário mínimo), ou há uma relativização da norma?
		Em havendo relativização quais os critérios utilizados?
		Como o judiciário tem sustentado as decisões que não obedecem a letra da lei?
		Qual o custo aproximado da sua hora de trabalho? Quanto custa, por estimativa, um processo judicial?

Funcionários do INSS	Critérios de Decisão	Nome: Formação profissional/ escolaridade: Tempo na Função: Na concessão do benefício assistencial, tem sido aplicado o critério econômico da letra da lei (1/4 do salário mínimo), ou há uma relativização da norma? Como o INSS tem sustentado os indeferimentos e deferimentos administrativos? Em todos os casos ocorre Estudo Social? Como ele é feito?

3.3.1 Questionário dirigido aos Juízes Federais

No tocante aos Juízes Federais, primeiramente, insta esclarecer que o trabalho originário objetivou entrevistar todos os 2 (dois) Juízes Federais que responderam pelo Juizado Especial Previdenciário da Circunscrição Judiciária de Itajaí/SC no ano de 2010 (ano que foi feita a pesquisa quantitativa), bem como o Juiz titular atualmente, quais sejam Dr. Eduardo Appio, Dr. Nelson Gustavo Mesquita Ribeiro Alves e Dr. Eduardo Correia da Silva.

Quando ao Dr. Eduardo Appio, foram feitas várias tentativas via e-mail, objetivando que o mesmo respondesse o questionário descrito acima, mas todas restaram infrutíferas.

Da mesma forma, e de certa forma frustrando as expectativas desta pesquisadora, o Dr. Nelson Gustavo Mesquita Ribeiro Alves, que foi Juiz Substituto do Juizado Especial Previdenciário da circunscrição judiciária de Itajaí, por intermédio de sua assessora, apenas comunicou que não iria responder ao questionário elaborado pois, não estava mais respondendo pelo Juizado Especial Previdenciário e que, quando respondeu foi na condição de Juiz substituto.

Já o Dr. Eduardo Correia da Silva, Juiz substituto no Juizado

Especial Previdenciário da Circunscrição Judiciária de Itajaí, graduado em Direito, há 6,5 nos na função de magistrado federal, prontamente respondeu questionário elaborado, sustentando em síntese que:

> **Quesito 1:** Há relativização da norma.
>
> **Quesito 2:** O STF considera constitucional o critério de ¼ do valor do salário mínimo, apesar que proferir decisões no sentido de que, o estado de miserabilidade também poderia ser auferido por outros meios. Contudo no mês de abril do corrente ano, a Suprema Corte declarou inconstitucional o parágrafo 3º, do Art. 20 da Lei 8.742/93 (Lei Orgânica de Amparo Social), por considerar que esse critério (1/4 do salário mínimo) esta defasado para caracterizar a situação de miserabilidade, podendo o juiz aferir tal situação, levando em consideração critérios subjetivos, caso a caso (Reclamação nº 4374). Para concessão do benefício assistencial leva-se em conta informações trazias aos autos por perito com formação em Assistência Social, como condições de habitação, saneamento básico, despesas com medicamentos não fornecidos pelo SUS, basicamente.
>
> Quesito 3: Sustenta suas decisões com base na jurisprudência dos Tribunais Superiores.
>
> **Quesito 4:** Dados da hora de trabalho podem ser obtidos no portal da transparência da JFSC. Quanto ao custo do processo judicial não se tem dados suficientes para indicar um valor determinado, porém pesquisa realizada pelo CNJ, através do IPEA indicou um custo de um processo de execução fiscal em R$ 4.300,00. Não há esses dados para o processo previdenciário até a presente data.

Da mesma forma o Dr. Zenildo Bodnar, Juiz titular da 2ª Vara Federal na circunscrição judiciária de Itajaí, mas integrante da Turma Recursal de Santa Catarina desde 2008, doutor em Direito, há 12 anos na função de magistrado, prontamente respondeu via e-mail o questionário elaborado, esclarecendo em síntese que:

> **Quesito 1:** Não, quem observa é o INSS, pois os casos judicializados que tem como objeto este requisito evolvem geralmente patamares superiores de renda (perspectiva objetiva). Isso tudo já ocorria antes da decisão do STF sobre o tema, agora definitivamente não, se observa – observa sempre a realidade do caso concreto.

Quesito 2: Não há critério. É decisionismo puro – a foto de um bem de luxo, por exemplo acaba sendo decisivo para a negativa (mesmo num caso de real fragilidade).

Quesito 3: Argumentos retóricos e principiológicos abertos, equidade, etc. etc. Aqui vale a máxima de Rui Portanova "decido por que quero, mesmo não sabendo" – elementos subjetivos e que comprovem um controle racional de decisões.

Quesito 4: Não tenho idéia, a carga horária varia de 6 a 15 horas por dia.

Assim, não restam dúvidas que, no judiciário há uma relativização da norma, mas que embora referida política pública em análise tenha nascido na CF de 1988, regulamentada primeiramente pela Lei 8742/93, e posteriormente alterada pela Lei 12.435/11, até a presente data não restou fixado em lei critérios objetivos capazes de definir elementos caracterizadores do Estado de Miserabilidade, restando apenas o critério econômico de ¼ do salário mínimo, motivo pelo qual, tal problemática ainda pende de decisão nos tribunais superiores.

3.3.2 Questionários dirigido aos Funcionários do INSS

Primeiramente cumpre esclarecer que reponderam ao questionário o gerente da agência de Itajaí, a chefe de serviço de benefício, duas assistentes sociais, e um analista de seguro social.

O Sr. Rogério Hercílio Corrêa, formado em Direito, é funcionário público federal há 30 anos, e exerce a função de gerência da APS de Itajaí há 12 anos, em síntese respondeu:

Quesito 1: é aplicado os quesitos constantes da Lei 8.742/93, com exceções aos requerimentos de regiões e municípios de abrangência das Ações Civis Públicas, onde os critérios de concessão são nos moldes da ACP.

Quesito 2: a sustentação na concessão ou indeferimento administrativo são pautados na Lei 8.742/93.

Quesito 3: O Estudo social é feito em casos específicos, e é discricionários ás assistentes sociais do INSS, em caso de município abrangido pela ACP. Em caso de BPC para Idoso, é feito administrativamente mediante declaração do requerente.

Assistente Social Marinês Raquel Kipper, graduada em Serviço Social, na função desde 2009, e Mauria Voltolini, também graduada em Serviço Social, na função desde 07/2013, aos quesitos responderam:

Quesito 1: Na concessão do BPC/LOAS, tanto para idosos a partir de 65 anos, quanto para pessoas com deficiência, aplica-se o critérios econômico conforme estabelecido na Lei 8.742/93. Entretanto desde 2010, exclusivamente aos portadores de deficiência requerentes do benefício assistencial residente nos municípios abrangidos pela Ação Civil Pública nº 2001.72.05.00778-6, que passou a disciplinar sobre a concessão do beneficio, alterando as regras estabelecidas na lei. Desde então, para este público específico, o BPC não pode ser indeferido a partir do critério de miserabilidade estabelecido na lei, ou seja, renda per capta igual ou superior a ¼ do salário mínimo, a miserabilidade continua sendo presumida, e o benefício será deferido conforme a lei. Porém, quando a renda per capta for superior, faz-se necessário um estudo detalhado do caso, através de estudo social realizado por Assistente Social, para em cada caso, e discricionariamente entender-se pela miserabilidade ou não do requerente.

Quesito 2: Os indeferimentos e deferimentos administrativos do BPC aos requerentes residentes nos municípios não contemplados pela Ação Civil Pública, possuem amparo legal. Quando os requerentes portadores de deficiência (idosos não estão incluídos), residentes nos municípios contemplados pela Ação Civil Pública, o indeferimento ou deferimento do benefício fundamenta-se exclusivamente no estudo social realizado pela assistente social.

Quesito 3: Em todos os casos em que o requerente é pessoa com deficiência é realizado avaliação social com base na Portaria Conjunta MDS/INSS nº 1, de 24 de maio de 2011, que estabelece os critérios, procedimentos e instrumentos para avaliação social e médico pericial da deficiência e do grau de incapacidade dos requerentes do BPC, com base nos seguintes componentes: I – Fatores Ambientais, II –

Atividades e Participação, III – Funções e Estrutura do corpo. Cabe ao Assistente Social estabelecer de acordo com a necessidade, os instrumentos de intervenção que devem ser utilizados (entrevistas, visitas domiciliares, pesquisas junto a rede de atendimento, entre outros). O Estudo Social discricionário das condições de vida do grupo familiar do requerente ocorre apenas nos casos em que o requerente reside em municípios contemplados pela Ação Civil Pública. Nesses casos, o instrumental utilizado para levantamento da situação também é definido pela Assistente Social. Nos casos em que o requerente é pessoa idosa (65 anos), a concessão do benefício é administrativa, sendo o critério renda apurado a partir de entrevista declaratória do requerente ou seu representante legal. Nestes casos não há participação do Assistente Social no processo.

Analista do Seguro Social Ivocleyt Ferreira Viana, graduado em contabilidade, na função há 10 anos, aos quesitos respondeu:

Quesito 1: Nesta APS temos aplicado o critério econômico conforme descrito na Lei.

Quesito 2: Com base no critério econômico (exclusivamente quanto ao idoso) e/ou na constatação ou falta de incapacidade ao trabalho (quanto ao deficiente).

Quesito 3: Apenas nos casos de amparo ao deficiente, através de entrevista com a assistente social na APS, ou no endereço indicado quando o requerente tem dificuldade ou esta impossibilitado de locomover-se.

Rosana Tainski Machado - Técnica do Seguro, graduado em Direito, pós graduada em Direito do Trabalho, na função desde 03/2003, aos quesitos respondeu:

Quesito 1: A concessão do LOAS puramente de ordem administrativa segue a Lei nº 8.742/93. Esta lei institui este benefício que é de cunho assistencial, sendo apenas a operacionalização realizada pelo Instituto Nacional do Seguro Social (INSS). Devido o seu cunho ser assistencial, de gestão realizada pelo Ministério do Desenvolvimento Social e Combate á Fome (MDS), por intermédio da Secretaria Nacional de Assistência Social (SNAS), que é responsável pela implementação, coordenação, regulação, financiamento, monitoramento, e avaliação do Benefício, a regra do ¼ do salário mínimo, dentre outras, foi justamente para contemplar a situação "assistencial da Lei".

Com o passar dos anos e com as negativas administrativas pelo INSS devido o legítimo enquadramento da lei começaram a surgir as ações judiciais individuais e em seguida as ações civis públicas, fazendo com que haja mais padronização na avaliação e concessão deste benefício. Em nossa agência, por exemplo, temos dois procedimentos distintos. A aplicação pura da Lei para casos que são moradores de nossa região de atendimento (Itajaí, Penha, Piçarras e Navegantes), com a utilização da renda per capta, e outra desconsiderando a renda para aqueles que são moradores da localidade de Ilhota, por pertencer á região abrangida pela ACP (2001.72.05.007738-6), fazendo então a relativização da norma, aonde o requisito ¼ do salário mínimo cai por terra.

Quesito 2: O INSS não utiliza-se somente da renda per capta para o deferimento ou indeferimento, existindo outros elementos como requisito (incapacidade e idade), ficando apenas dependente nos casos em que a avaliação social julgue não enquadrar-se nos casos de miserabilidade estarem respaldados pela ACP, porém esses ainda podem ser indeferidos pela avaliação medico pericial.

Quesito 3: Sim, em todos os casos de LOAS por incapacidade a avaliação social é necessária. Tanto disciplinado pela Lei como pela Portaria Conjunta MDS/INSS nº 1 de 2011. Estas avaliações eram feitas por assistentes sociais do município pois em nossos quadros não havia servidores com esta especialidade suficientes, porém após concursos para que esse serviço fosse feito por servidores do quadro do INSS, essas avaliações passaram a serem feitas dentro da própria instituição, fazendo com que haja um entrosamento e debates entre assistentes e médicos peritos, fazendo assim uma avaliação mais real da situação do segurado.

Viu-se que, referidas respostas justificam as decisões tomadas e narradas nos casos concretos analisados no item anterior, ou seja, não há relação alguma entre os raciocínios/análises feitas em ambas as esferas. Enquanto administrativamente priorizam-se a Lei, Instruções Normativas, Portarias, na esfera judicial busca-se critérios também legais, mas um pouco mais abrangentes na busca e concretização da justiça social.

Importante destacar que, embora a esfera administrativa respeite a decisão judicial proveniente das Ações Civis Públicas, a qual contraria a letra da lei no tocante ao critério econômico, não acate, por exemplo, matérias já sumuladas pelo Poder Judiciário, como por exemplo a súmula nº 20, verbis: 'O benefício previdenciário de valor mínimo percebido por idoso é excluído da composição da renda familiar, apurada para o fim de concessão de benefício assistencial), fato que ainda abarrota judiciário desde as instâncias iniciais até as superiores, causando custos inestimáveis.

Custos estes que, se fossem destinados ao custeio e implementação de outras políticas públicas, ou até mesmo aplicado com mais responsabilidade social, e comprometimento dos gestores públicos, trariam um pouco mais de justiça social aos necessitados deste país, cumprindo o objetivo da Constituição da República.

CAPÍTULO 4

CONSIDERAÇÕES FINAIS

O trabalho originário que embasa a presente obra buscou realizar uma análise doutrinária, jurisprudencial e econômica sobre o Benefício de Prestação Continuada, com o objetivo de demonstrar a necessidade de reformulação da Lei Orgânica de Amparo Social, em especial no tocante ao critério econômico utilizado, qual seja, 1/4 do salário mínimo.

Neste sentido, buscou-se demonstrar que a aplicação literal do dispositivo legal em análise previsto no § 3º do Art. 20 da Lei 8.742/93, esta longe de promover a assistência e inclusão social, pois fere o principio da dignidade da pessoa humana, tornando ineficaz o direito à Assistência Social.

No tocante a questão procedimental de concessão do referido benefício, restou evidenciado que a ausência de definição do que seja um estado de miserabilidade na esfera administrativa (INSS), gera inúmeros indeferimentos que posteriormente sobrecarregam o Poder Judiciário, esfera um pouco mais ciente de sua função social, que vem fazendo uma louvável análise de cada caso concreto e relativizando a norma.

Neste sentido cabe parafrasear Barroso (2005, p. 50), vê-se que o processo político majoritário no Brasil se moveu por interesses, ao passo que a lógica democrática se inspirou em valores, restando ao Poder Judiciário preservar a efetiva aplicabilidade dos direitos sociais.

Recentemente o Ministro Gilmar Mendes relator da Reclamação nº 4374, demonstrou de forma brilhante a necessidade de reformulação do § 3º do Art. 20 da Lei 8.742/93, que defini o critério econômico, embora a posição do STF no julgamento da ADIN nº 1232/98, tenha sido no sentido de julgar constitucional referido critério.

Após análise das várias legislações que preveem o benefício em questão, quais sejam: Constituição da República, Lei nº 8.742 de 07 de Dezembro de 1993, e posteriormente Lei nº 12.435, de 2011 (mantendo inalterado critério econômico), vê-se que até a presente data, nenhuma delas define com clareza critérios sociais justos, aplicáveis e aptos a conceder assistência social aos necessitados, cabendo atualmente ao Poder Judiciário o controle judicial desta política pública.

Ocorre que, também na esfera judicial há uma gama significativa de decisões conflitantes sendo que milhares de processos versando sobre esta matéria estão sobrestados, aguardando decisão do Supremo Tribunal Federal, órgão conhecido como guardião da Constituição da República.

Diante deste agir do Poder Judiciário, vê-se que a concessão do BPC, como mesmo mencionou o Dr. Zenildo Bodnar em resposta ao questionário aplicado, referidas decisões são "DECISIONISMO PURO", ou seja, se reduziu a critérios subjetivos de juízes que ao seu bel prazer, fazem ou não justiça.

O intuito de demonstrar a disparidade de interpretação existente entre as esferas administrativas (INSS), e judicial (Justiça Federal), serviu de base para análise do custo de implementação desta política pública chamada LOAS, pois da forma como a mesma vem sendo implementada até a presente, não atinge os objetivos para o qual foi criada, muito pelo contrário, tem gerado um custo altíssimo para o Estado.

Certo dia li uma frase, de um autor desconhecido, que retrata a atual situação desta política pública ora em análise: "No Brasil temos políticas públicas para pobres, logo, temos pobres políticas públicas".

Se analisarmos pormenorizadamente a frase acima veremos que a questão da inclusão social idealizada pela concessão do referido benefício no valor de um salário mínimo, atualmente R$ 678,00 (seiscentos e setenta e oito reais), jamais proporcionará aos cidadãos brasileiros os direitos sociais garantidos no Art. 6º da Constituição da República, quais sejam: educação, saúde, a alimentação, trabalho, moradia, lazer, segurança, previdência social, a proteção à maternidade e à infância.

Assim, quando se utiliza o termo "política pública para pobres", resume-se o real alcance do BPC, qual seja, famílias que continuaram em estado de risco social, ou seja, referida política pública não é capaz de gerar mobilidade social, pois sequer garante o mínimo necessário para uma vida digna.

Quando se utiliza o termo "pobres políticas públicas", nos leva a pensar na questão dos custos com a concessão, implementação e manutenção do referido benefício, pois quando o legislador regulamentou referida política pública não pensou na sua efetividade e implementação, o que atualmente onera em demasia o Estado, sendo que referido valor poderia estar sendo empregado em outras políticas públicas.

Ainda neste mesmo norte, quando se instituiu e regulamentou referida política pública não se pensou na sua sustentabilidade, pois segundo pesquisas atuais do Instituto Brasileiro de Geografia e Estatística a expectativa de vida do brasileiro aumenta a cada ano que passa, e conforme muito bem mencionado pelo Ministro Gilmar Mendes na Reclamação n°4374, o salário mínimo é reajustado anualmente.

Restou claro com o trabalho originário que não é apenas a reformulação do critério econômico de ¼ do salário mínimo e/ou criação de critérios mais específicos de miserabilidade que resolveria o entrave desta política pública e sim, todo o procedimento e/ou processo de implementação, manutenção sustentável e até mesmo fiscalização/acompanhamento das famílias beneficiárias.

Isto posto, é preciso reconhecer também que, é somente através de ações conscientes e bem articuladas das três esferas do governo (legislativo, executivo e judiciário), juntamente com uma sociedade comprometida, que faremos e viveremos políticas públicas, que busquem verdadeiramente justiça social.

REFERÊNCIAS

AIELLO, Tiago Faggioni. BACHUR, Maria Lúcia. Teoria e prática do Direito Previdenciário. 2ª Ed. São Paulo: Lemos e Cruz, 2009.

ALVES DA SILVA, P. E. Gerenciamento de processos judiciais. São Paulo: Saraiva, 2010.

Assistência Social: Parâmetros e problemas/ Luiz A. Palma e Silva, Silva Andrade Stanisci, Organizadores; Adaíza Sposati... [ET AL]. Brasília: MPAS/SEAS; São Paulo: FUNDAP, 1999.

BARROSO, Luís Roberto. Neoconstitucionalismo e constitucionalização do Direito. O triunfo tardio do Direito Constitucional no Brasil. Jus Navigandi, Teresina, ano 10, n. 851, 1 nov. 2005. Disponível em: <http://jus.com.br/revista/texto/7547>. Acesso em: 18 ago. 2012.

BARCELLOS, Ana Paula. A Eficácia Jurídica dos Princípios Constitucionais – O princípio da Dignidade da Pessoa Humana. Rio de Janeiro: Editora Renovar, 2002.

BRASIL. Tribunal Regional Federal (4ª Região). Processo nº 5008061-94.2012..404.7208. Benefício de Prestação Continuada. Autor: Guilherme da Silva Leite. Requerido: INSS. 31 de agosto de 2012.

BRASIL. Tribunal Regional Federal (4ª Região). Processo nº 5008061-94.2012..404.7208. Beneficio de Prestação Continuada. Autora: Suzelen Eliane Ricobom. Requerido: INSS. 31 de agosto de 2012.

BRASIL. Tribunal Regional Federal (4ª Região). Processo nº 5007863-57.2012.404.7208. Beneficio de Prestação Continuada. Autora: Lucas Andrade da Rosa. Requerido: INSS. 28 de agosto de 2012.

BRASIL. Tribunal Regional Federal (4ª Região). Processo nº 5001234-33.2013.404.7208. Beneficio de Prestação Continuada. Autora: Paulina Telles da Cruz. Requerido: INSS. 28 de agosto de 2012.

BRASIL. Tribunal Regional Federal (4ª Região). Processo nº 5009853-83.2012.404.7208. Benefício de Prestação Continuada. Autora: Dorvalina Soares Zacarias. Requerido: INSS. 31 de outubro de 2012.

BRASIL. Tribunal Regional Federal (4ª Região). Processo nº 5005457-63.2012.404.7208. Benefício de Prestação Continuada. Autora: Zilma de Borba. Requerido: INSS. 14 de junho de 2012.

BRASIL. Tribunal Regional Federal (4ª Região). Processo nº 5007403-70.2012.404.7208. Benefício de Prestação Continuada. Autora: Alda Baldesari. Requerido: INSS. 15 de agosto de 2012.

BRASIL. Tribunal Regional Federal (4ª Região). Processo nº 5005075-07.2011.404.7208. Benefício de Prestação Continuada. Autora: Marina Leal Constantino. Requerido: INSS. 22 de outubro de 2010.

BRASIL. Tribunal Regional Federal (4ª Região). Processo nº 50036839520124047208. Benefício de Prestação Continuada. Autora: Maria Galdino Alves Ferreira. Requerido: INSS. 23 de abril de 2012.

BRASIL. Tribunal Regional Federal (4ª Região). Processo nº 2001.72.05.007738-6. Ação Civil Pública. Autor: Ministério Público Federal. Requerido: INSS e União Federal. 09 de março de 2012.

BRASIL. Supremo Tribunal Federal. Reclamação nº 4374. Beneficio e Prestação Continuada. Relator: Ministro Gilmar Mendes. 22 de maio de 2006.

BRASIL. Supremo Tribunal Federal. Reclamação nº 3895. Beneficio e Prestação Continuada. Relator: Ministra Carmem Lúcia. 09 de setembro de 2005.

BRASIL. Supremo Tribunal Federal. Ação Direta de Inconstitucionalidade nº 1232. Beneficio e Prestação Continuada. Relator: Ministro Ilmar Galvão. 27 de agosto de 1998.

BRASIL. Constituição da República Federativa do Brasil, promulgada em 05 de outubro 1988. Brasília, DF, 1988.

BRASIL. Código civil, 2002. Código civil. 53.ed. São Paulo: Saraiva; 2002.

BRASIL. Lei 8.742, de 07 de dezembro de 1993. Brasília: Senado, 1993.

BRASIL. Lei 12.435 de 06 de julho de 2011. Brasília: Senado. 2011.

BRANCO, Paulo Gustavo Gonet; COELHO, Inocêncio Mártires; MENDES, Gilmar. Ferreira. Curso de direito constitucional. São Paulo: Saraiva, 2009.

REFERÊNCIAS

BONAVIDES. Paulo. Curso de Direito Constitucional. 22ª Ed. Atualizada e ampliada. São Paulo: Malheiros Editores, 2008.

BOBBIO, Norberto. A era dos direitos. Rio de Janeiro: Campus, 1992.

CAMPOS, A. G. Sistemas de justiça no Brasil: problemas de equidade e efetividade. Brasília: Ipea, 2008.

CARVALHO, Maria do Carmo Brant. GESTÃO SOCIAL: alguns apontamentos para o debate. In: RICO, Elizabeth de Melo; DEGENSZAJN, Raquel Raichelis (org). Gestão Social: uma questão em debate. São Paulo: EDUC; IEE, 1999.

CASTELAR PINHEIRO, A. (Org.) A reforma do judiciário: problemas, desafios, perspectivas. Rio de Janeiro: Booklink, 2003.

CERQUEIRA FILHO. A "Questão Social" no Brasil: análise do discurso público. Rio de Janeiro; Civilização Brasileira, 1982.

CONSELHO NACIONAL DE JUSTIÇA (CNJ). Justiça em números. Brasília: 2007. Justiça em números. Brasília: 2008. Justiça em números. Brasília: 2009. Justiça em números. Brasília: 2010.

CUNHA, L. G. S. et alli. O sistema de Justiça brasileiro, a produção de informações e sua utilização. Cadernos Direito GV, v. 1, p. 1-146. São Paulo: FGV, 2004.

CRETELLA Júnior, José. Curso de Direito Romano: o direito romano e o direito civil brasileiro, 27ª ed., Rio de Janeiro: Forense, 2002, p. 101 apud PEREIRA, Rodrigo da Cunha. Comentários ao novo Código Civil, vol. XX: da união estável, da tutela e da curatela / Rodrigo da Cunha Pereira; colaboradores e equipe de pesquisa, Ana Carolina Brochado Teixeira, Cláudia Maria Silva. Rio de Janeiro: Forense, 2004.

DWORKIN, Ronald. Levando os Direitos a Sério. 1ª Ed. São Paulo: Martins Fontes, 2002.

Diretoria de Estudos e Políticas do Estado, das Instituições e da Democracia. Instituto de Pesquisa Econômica Aplicada. Departamento de Pesquisa Judiciária. Conselho Nacional de Justiça. Custo Unitário do Processo de Execução Fiscal na Justiça Federal. Brasília, 2011.

FELDENS, Luciano. Direitos fundamentais e direito penal. Porto Alegre: Livraria do Advogado, 2008.

FERRAJOLI, Luigi. Por uma teoria dos direitos e dos bens fundamentais.

Porto Alegre: Livraria do Advogado, 2011.

GADELHA, H. R. Custos no serviço público: um modelo aplicável ao custeio dos processos judiciais. Dissertação (Mestrado), programa de pós-graduação em contabilidade, Universidade de Brasília (UnB), 2002.

GIL, A. C. Métodos e técnicas de pesquisa social. 5. Ed. São Paulo: Atlas, 1999.

GRIMM, Dieter. Constitucionalismo y derechos fundamentales. Trad. Raúl Sanz Burgos e José Luiz Muñoz de Baena Simón. Madrid: Trotta, 2006.

http://www.previdenciasocial.gov.br. Acesso em 15 de abril de 2013.

HAMMERGREN, L. Envisioning reform: conceptual and practical obstacles to improving judicial performance in Latin America. Pensilvânia: Penn State Press, 2007.

HOLMES, Stephen. El costo de los derechos: Por qué la libertad depende de los impuestos.- / Stephen Holmes y Cass R. Sunstein.- 1ª ed.- Buenos Aires: Siglo Veintiuno Editores, 2011.

IBRAHIM, Fábio Zambitti. Curso de Direito Previdenciário. 10ª ed. Rio de Janeiro: Impetus, 2009.

INSTITUTO DE PESQUISA ECONÔMICA APLICADA (IPEA). Políticas Sociais: acompanhamento e análise, n. 14, 2007. Sistema de informações sobre percepção social: Justiça e segurança pública. Brasília: Instituto de Pesquisa Econômica Aplicada (Ipea), 2010.

KOERNER, A. Judiciário, reformas e cidadania no Brasil. In: CUNHA, A. S. et al. (Orgs.). Estado, instituições e democracia: República. Brasília: Ipea, 2010.

LEIRIA, Maria Lúcia Luz. A interpretação no direito previdenciário. In Revista do Tribunal Regional Federal da 4ª Região, n. 43, 2002.

MARTINS, Sérgio Pinto. Direito da Seguridade Social. 2.ed. São Paulo: Atlas, 2005.

MARTINEZ, Wladimir Novaes, Princípios de Direito Previdenciário. 4ª Ed. São Paulo: LTr, 2005.

MEDEIROS, M. A trajetória do Welfare State no Brasil: Papel Redistributivo das Políticas Sociais dos anos de 1930 aos anos de 1990. Brasília, IPEA, 2001.

PASOLD, Cesar Luiz. Metodologia da Pesquisa Jurídica: teoria e prática.

11 ed. Florianópolis: Millennium Editora, 2008.

PASTOR, S. Los nuevos sistemas de organización y gestión de la Justicia: mito o realidad? In: Anais da Terceira Conferência sobre Justiça e Desenvolvimento na América Latina e no Caribe. Quito: Banco Interamericano de Desenvolvimento, 2003.

PEREIRA, P.A.P. Necessidades Humanas: subsídios á crítica dos mínimos sociais. 3. Ed. São Paulo: Cortez, 2006.

PEREIRA LIMA, W. Gestão de custos na administração pública: uma contribuição de modelo conceitual de um sistema de custos para a Justiça Federal do Sergipe. Dissertação (Mestrado), programa de pós-graduação em contabilidade, Universidade Federal de Pernambuco (UFPE), 2006.

RICHARDSON, R. J. Pesquisa Social: métodos e técnicas. 3. Ed. São Paulo: Atlas, 1999.

SARLET, Ingo Wolfgang. A eficácia dos direitos fundamentais. Porto Alegre: Liv. do Advogado, 1998.

SARLET, Ingo Wolfgang. A eficácia dos direitos fundamentais. 8º ed. Porto Alegre: livraria do advogado, 2009.

SARLET, Ingo Wolfgang. Dignidade da pessoa humana e direitos fundamentais na Constituição da República Federativa do Brasil de 1988. Porto Alegre: Livraria do Advogado, 2006.

SANTOS, B. S. Os actos e os tempos dos juízes: contributos para a construção de indicadores da distribuição processual nos juízos cíveis. Coimbra: Observatório Permanente da Justiça Portuguesa, 2005.

SILVA, José Afonso da. Aplicabilidade das normas constitucionais. 6º ed. São Paulo: Malheiros, 2003.

SOUZA, Celina. Políticas Públicas: uma revisão da literatura. IN Sociologias nº 16. Junho/dezembro 2006.

TIMM, L. B. et al. Causas da morosidade na Justiça brasileira. Brasília: CNJ, 2010. Relatório de pesquisa.

YIN, R. K; Case Study Research - Design and Methods. Sage Publications Inc., USA, 1989.